Avatara Devi
Erleuchtung
ist die Hochzeit
mit dem Nichts

Avatara Devi

Erleuchtung
ist die Hochzeit
mit dem Nichts

mach dir nichts draus

freya
VERLAG

Seminare mit Avatara Devi

in Deutschland, Österreich und der Schweiz.

Seminarorganisation für Deutschland und Ausland:

Das Kreative Team
Michael und Doris Siebentritt
Zöpfliwasenweg 8
D-91710 Gunzenhausen
Tel.: 0049 (0) 98 31/61 19 23
Fax: 0049 (0) 98 31/61 03 81
mobil: 0049 (0) 173-562 41 61
e-mail: michael.siebentritt@gunnet.de

Bhavanty Löhr
Hagenbergstraße 24
D-37186 Moringen
Tel.: 0049 (0) 5554/390923
mobil: 0049 (0) 175/4843522
e-mail: bhavanty@gmx.de

Seminarorganisation für Österreich:

Michaela Marschnig
Strauchergasse 13
A-8020 Graz
Tel.: 0043 (0) 316/722031
Mobil: 0043 (0) 664/3225757
e-mail: semorganisation@hotmail.com

© 2001 Avatara Devi
ISBN 3-902134-04-6
www.freya.at, e-mail: freya@netway.at
Alle Rechte vorbehalten

Umschlagfoto: Verlag Freya
Satz & Layout: Wolf Ruzicka
Gedruckt auf chlor- und säurearmem Papier

Inhalt

VORWORT 17

Einleitung 19

Der lachende Lichtpfad 21
Der lachende Jubelpfad 25
Der Sockenweg 25
Der Jubelpfad ist ein Weg der Selbsteroberung 31
Ein Rat an unsere Suchenden: 32
Der Pfad des lachenden Erwachens 33

Lachen 34

Das Lachen 35
Die verschiedenen Arten des Lachens 36
Das Große Kosmische Lachen 40
Das Lachen eines Erleuchteten 45
Das Lachende Erwachen über Raum, Zeit und Form ... 47
Lachen ist die Essenz aller Religionen 49
Das Licht der Erleuchtung, jenseits von Glauben 50
Der Unsinn vom Glauben 51

Der Weg des ernsthaften Sockens 52

Hier ist Lach & ChAos 53
Lieber »Light-Age« als »Leid-Age« 55
Die Sehnsucht, ins Licht zu gehen 57
Hilfe, der Spiegel kommt 60
Die 108 heiligen Gründe, das Gesetz zu studieren: 62
Die ernsthaften Spiegel 65
Die paradoxen Spiegel 66
Der seitenverkehrte Spiegel 67
Der parallele Spiegel 70
Das Ich im Du 73
Was ist der Schattenbereich 74

einer Psyche? 74
Der paradoxe Spiegel 77
Der parallele Spiegel 78
Was ist Bewußtsein? 78
Die 5 Dimensionen des Bewußtseins 80
Die Dualität, der gesplittete Kosmische Witz 83
Das komische Kosmische Bewußtsein 85
Mind-crash 86
Sei dein Wort 89
Es – Das Licht 90
Die Regenbogenzuflucht 91
Luzifer, Ahriman und die göttlichen Kräfte 92

Der Weg des humorvollen paradoxen Sockens 95

Der Clown in uns – ein Weg zur Freiheit 96
Das geniale, lachende Chaos 100
Das paradoxe Lach & ChAos-Lebens-Theater 106
Das Spontanitäts- und Lachtraining 107
Paradoxien 108
Die paradox Logik 111
Oh, diese Paradoxien 113
Die paradoxe Psycho-Chaos-Praxis 114
Was erreichen wir bei der Arbeit mit Paradoxien? 116
Die Spinne im Spinnennetz 117
Paradoxe und chaotische Interventionen 121
Die Psycho-Chaos-Praxis – Bingo 124
Bingo 126

Der spirituelle Aspekt des lachenden Lichtpfades 131

Erforschung der Reinkarnationskette des Ego 132
Wie passiert eine Inkarnation? 140
Wohin gehe ich nach meinem Tod? 142
Die Mutter der Welt – Vergessene Gottesmutter 146

Avatare und Avatarinnen 157
Gebete und Gedanken an die große Mutter 163

Der Weg der innerlichen Würde 169

Der lachende Glückspfad 170
Der Schlüssel zum Glück 171
Liebe 171
Wahrheit, Ethik 172
Dankbarkeit, göttliche Demut 174
Großzügigkeit 175
Verzeihen 177

Der heilige Narrenspiegel 179

Abteilung 1: Normale Narren 182
Abteilung 2: Erwachende Narren – Anfänger 183
Abteilung 3: Erwachende Narren –
Fortgeschrittene 183
Heilige, Kosmische Narren 184
Seine Glückseligkeit 185
Erleuchtet zu sein, heißt »ES« zu sein 187
Das Narrenspiel mit dem »weil« 188
Das Narrenspiel mit den »anderen« 190
Das Narrenspiel mit uns selbst 192
Who is Who im doppelten Narrenspiel
der Partnerschaft? 195
Es gibt verschiedene Formen
von Zweierbeziehungen 197
Karmapartner 197
Dualpartner 198
Lernpartner, Seelenpartner 199
Der PERFEKTE Partner 200
Narrenspiel-Test für den Hausgebrauch: 201

Lach & Chaos »live« 203

Unsere Jolly Joker 206

Ihr seid Spitze 208
Abstottern 210
Seminarende 211
Lach & ChAos auf der Suche 213
Da versprach sie, ein Wunder zu vollbringen 214
Gott hat 73 Namen 216
Chaos im Herzen 217
Was war eigentlich das Wesentliche? 219

Erleuchtung 221

Wie Trigeminus zur Erleuchtung führt 223
Erleuchtung IST 229
Das Wort Erleuchtung 231
Wer erleuchtet ist, spricht nicht über Erleuchtung 232
Erleuchtung ist ganz anders … 238
Die zehn Erleuchtungsstufen des Geistes 242
Die Gnade 245
Die vier großen Gnaden 248
Die Erleuchtungsregeln von Lach & ChAos 249
Und triffst du den Meister im Kosmischen Bewußtsein ... 250
Schüler der Meisterklasse 252

Die Hochzeit mit dem Nichts 253

Chef, the bill please! 254
The Holy Cosmic Fool 255
Die Hochzeit mit dem NICHTS 256
Hochzeitsvorbereitung Nr. 1 256
Hochzeitsvorbereitung Nr. 2 257
Hochzeitsvorbereitung Nr. 3 259
Hochzeitsvorbereitung Nr. 4 259
Hochzeitsvorbereitung Nr. 5 260
»Private Ich-Erleuchtung« 260

ÜBER DIE AUTORIN 262

Der leere Spiegel 263

Vorwort

Dieses Buch ist in tiefer Dankbarkeit der Großen Göttin des Lichtzeitalters, der Weltenmutter gewidmet. In ihrem Auftrag überbringe ich die nachfolgenden Übersetzungen ihrer göttlichen Botschaften, die ich in den Jahren 1985 bis 1987 durch höchste Einweihungen und Erleuchtungen des Geistes erfuhr.

Ich stelle mit meinen Aussagen keinen Anspruch auf absolute Wahrheit oder auf alleinige Richtigkeit. Das Einzige, was ich zu meiner Wahrheit zu sagen habe, ist:

»*So habe ich das Unverstehbare verstanden,
so habe ich das Unsagbare zu sagen vermocht.*«

Avatara Devi

Lachen ist ein Tor zum Glück

Einleitung

Es ist in den Jahren 1985 bis 1994 aus dem
Grossen Kosmischen Lachen
ein göttliches Kind geboren worden.

Das Kind heisst Lach & ChAos
oder
der lachende Lichtpfad
auf Erden,

und dieses Kind ist so völlig anders,
als man sich ein göttliches Kind hier unten auf
Erden
vorstellen würde.

Lachender Buddha

Der lachende Lichtpfad

IST FÜR ALLE,
DIE BEREIT SIND,
SICH AUF DIE SOCKEN ZU MACHEN
UND NICHT DIE SOCKEN,
SONDERN SICH SELBST ZU HINTERFRAGEN.

Dieser Pfad des lachenden Erwachens ist ein ganz neuer Weg, ein bisher ganz unmöglicher Weg zu sich selbst. So einen Weg wie diesen, gab es noch nie.

Er zeigt uns, wie wir den Nonsens unseres Leidens humorvoll auf den Arm nehmen können, und wie wir das Lachen über uns selbst, besonders das Lachen über unsere Partnerschaften lernen können.

Der lachende Lichtpfad ist eine geniale Mischung zwischen humorvoller Selbsterfahrung, Zen-Philosophie und Champagner.

ER IST DER WEG DES KOSMISCHEN UND
GÖTTLICHEN HUMORS,
DES HUMORS, DER ÜBER ALLEM STEHT.

Der kosmische und göttliche Humor läßt uns über unsere Psyche und unsere Suche nach uns selbst auf einer sehr hohen Ebene des Bewußtseins lachend erwachen, ja er führt auf höchster Stufe sogar bis zur Erlangung des Kosmischen Bewußtseins.

Das Kosmische Bewußtsein ist das Bewußtsein der höheren Ordnung, was über der Dualität von Gut oder Böse steht. Die Gesetze der Dualität heißen: Gut oder Böse. Die Gesetze des Kosmischen Bewußtseins heißen: alles ist paradox, das Große NICHTS, was alles ist.

Das Kosmische Bewußtsein hebt alles, was wir jemals über uns oder andere dachten, fühlten oder zu wissen glaubten, im lachenden Erwachen über uns selbst auf. Jeder, der das Kosmische Bewußtsein erlangte, berichtet daß die Dualität ein Kosmischer Witz, ein Narrenspiel mit sich selbst ist.

Das paradoxe Kosmische Bewußtsein ist für unser duales Denksystem Chaos.

CHAOS IST, SO SAGT DIE CHAOS THEORIE:
die Erforschung des Lebendigen, des Dynamischen, des Unberechenbaren, des Unordentlichen, des Unvorhersehbaren, des Spontanen, des Wandels, des Schöpferischen.

Chaos führt zur genialen Inspiration, Lebendigkeit, zur geistigen Freiheit, zum humorvollen Erwachen zur schöpferischen Kreativität, ja sogar zur humorvollen, lachenden Genialität. Man nennt die Himmelswelten des Kosmischen Bewußtseins, die Jubelsphären. Die Kosmischen Himmelswelten kennen kein Leiden. Wer endgültig und für immer aus dem Rad des Leidens erlöst werden und erwachen will, der muß

DAS GROSSE KOSMISCHE LACHEN ÜBER SICH SELBST

und damit die 3-wöchige Einschau ins Kosmische Bewußtsein erlangen.

Alle im New-Age gebrachten neuen Wege der Spiritualität sind die Wege der heiligen Spiritualität. Heilig bedeutet hell und heilend. Die Gesetze der unteren Ordnung, der dualen heiligen Spiritualität sind: Liebe, Güte, Barmherzigkeit, Mitgefühl, Ethik und Transformation von Schatten.

Die Gesetze des Kosmischen Bewußtseins sind: Freude, Liebe, Jubel, der kosmische Humor und das große Paradoxon. Was ist ein Paradoxon?: Du weißt es und du weißt es nicht. Wer war Jesus Christus? Du weißt es und du weißt es nicht! Ist das nicht paradox?

Der lachende Lichtpfad ist für Anfänger, Fortgeschrittene *und solche, die endgültig im Licht ankommen wollen.*

Er beinhaltet die heilige, ethische Spiritualität und ernsthafte Selbsterfahrung. Er arbeitet ebenso mit den besten Essenzen aus NLP, Trance, Träumen, Imagination, Reinkarnation, Rollenspiel und verschiedenen Körper- und Atemtechniken. Darum wird auf dem lachenden Lichtpfad natürlich auch viel geweint, geschrien, getobt, gejubelt und gelacht.

Der Pfad des lachenden Erwachens ist für Anfänger ein Genuß und für Fortgeschrittene eine Köstlichkeit. Für ganz weit Fortgeschrittene führt dieser Weg sogar über alle Grenzen des Denkens aus Gut und Böse heraus direkt ins Nadelöhr

ZUM GROSSEN KOSMISCHEN LACHEN ÜBER UNS SELBST.

Das ist das Licht, das die Suchenden im Jahr 2000 suchen werden, zur grenzensprengenden Befreiung von Karma und Wiedergeburt, zur lachenden Überwindung ihrer Dualität.

DAS IST DIE GROSSE HOCHZEIT MIT DEM LICHT, AUF DIE WIR ALLE WARTEN.

LACH & CHAOS bringt revolutionäre, grenzensprengende Ansätze über Chaos Interventionen in der psychologischen Befreiungsarbeit (z.B. die chaotische Psycho-Chaos-Praxis). Außerdem bringt LACH & CHAOS die Offenbarung, was das Kosmische Bewußtsein ist, und wie man die eigene lachende Er- und Beleuchtung des Geistes erlangen kann.

Mit diesem Buch wird das seit ewigen Zeiten gehütete Ge-heimnis, was die Überwindung der Dualität ist, und wie man seine lachende Erleuchtung erlangen kann, im Auftrag der Großen Licht- und Liebesgöttin, unser aller Muttergöttin, geoffenbart. Sie, die Göttin der Gnade, offenbart damit ihr höchstes GE-HEIM-NIS und läutet dadurch das Lichtzeitalter hier auf Erden ein.

Es ist Light-Age, das Lichtzeitalter ist da. Wir stehen vor dem Zeitalter der Erleuchteten auf Erden. LACH & CHAOS erwartet Massenerleuchtungen, wie ES sich in Österreich schon zwei Mal geoffenbart hat. 1987 erlangten 21 Seminarteilnehmer bei LACH & CHAOS gleichzeitig den Quantensprung ins Kosmische Bewußtsein und damit in die lachende Erleuchtung des Geistes.

Dies wiederholte sich am 18. 8. 1987 noch einmal mit 7 Seminarteilnehmern. Das waren nur die Vorboten.

Dieser neue Weg ist aber ganz besonders für die, die wieder »*zurück nach Hause*« gehen wollen, zurück ins Paradies, dem Licht der grenzenlosen Glückseligkeit, aus dem wir alle kommen.

Darum laßt uns jetzt jubelnd, lachend *zurück nach Hause* gehen, denn Lachen verbindet Herzen, läßt uns zu Hause sein, wo wir gerade sind.

Ja, wo herzhaftes Lachen,
Liebe und Freude sich vermählen,
da jubelt der Himmel,
bis hoch in die Kosmischen Himmelwelten,
der Jubelsphäre.

Der lachende Jubelpfad

IST EIN WEG
FÜR SUCHENDE,

DIE DEN DRAHT ZUM HUMOR SCHON GANZ SCHÖN IN DEN
SOCKEN HABEN

ODER IHN IN DEN SOCKEN HABEN WOLLEN.

Der Sockenweg

Der lachende Lichtpfad ist der Weg, sich auf die Socken zu machen

Dieser herrliche Nonsens, unsere Socken als Wahrzeichen für den humorvollen Weg hochzuhalten, stammt aus einem der Lach & ChAos-Seminare, wo wir mit viel Witz und Paradoxie auf die Suche nach dem lachenden Lichtpfad gingen. Dabei begegnete uns so alles Mögliche und Unmögliche an Sinn und Unsinn der Suche und unserer Vorstellungen.

Wie wir uns so auf unsere Socken machten, den »einzig wahren Weg« zu entdecken, fanden wir durch die Kunst, über uns selbst lachen zu können,

*im spontanen Hier und Jetzt
den einzig wahren Sockenweg.*

Wir kamen auch lachend dahinter, daß wir, die wir auf dem Weg der humorvollen Selbstfindung sind, diesen Weg nur mit zwei verschiedenen Socken gehen können, mit einem normalen Sokken für den normalen, ernsthaften Anteil unserer Selbsterlösungs-

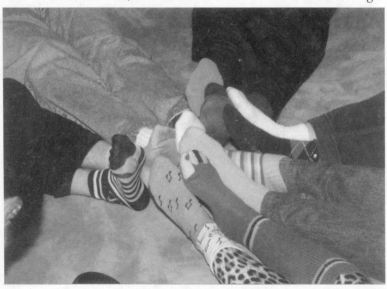

arbeit und einem humorvollen Socken für die paradoxe Suche nach uns selbst. Die Idee gefiel uns so gut, daß wir das von Seminar zu Seminar weitertrugen, bis sogar das Hotelpersonal voller Freude mitspielte und uns nur noch mit zwei verschiedenen Socken bediente. Lachend die Frage auf den Lippen:

>>*Hilft uns das auch glücklich zu werden?*<<

Heute sind die zwei verschiedenen Socken bereits ein Markenzeichen für den lachenden Lichtpfad geworden, und es ist ganz unmöglich, sie wieder auszuziehen. Wer zu Lach & ChAos kommt, der trägt zwei verschiedene Socken. Dann wissen wir:

>>Lach & ChAos-*Company -*
Komm an mein Herz!<<

Kommt aber ein Normaler mit zwei normalen Socken zu uns, dann wissen wir:
>>*Oh, viel Arbeit,*
viel Arbeit!<<

Auch könnten wir dir jetzt viele ernsthafte Gründe geben, warum wir dieses Markenzeichen behalten haben. Wir sind pfiffig genug und haben genügend Witz, uns jede Menge Gründe aus den Fingern zu saugen, damit auch dein Logo- & Ratiosystem sagt: >>Ja, ja, das sehe ich ein.<<

Das tun wir aber nicht.

Denn dann würden uns der Spaß und der Nonsens kaputt gehen,
den wir haben,
mit diesem Wahrzeichen der zwei verschiedenen Socken,
über uns selbst lachen zu können.
Uns von der Lach & ChAos-Company *sind unsere Socken heilig.*
Wir tragen nur heile Socken.
Sie sind uns deshalb heilig,

weil wir uns auf die Socken gemacht haben,
unsere Macken zu beseitigen.
Und weil wir über den Weg des lachenden Herzens
Liebe geworden sind
und das Glück in unseren Augen kennen.

Darum sind uns unsere heilen Socken heilig,
und gleichzeitig nix von heilig,
kosmischer NONSENS.

Die erste Philo-Sophie

Und da haben wir sie ja schon, die erste Philosophie:
Nix von heilig.
Humorvolle, paradoxe Wahrheit
oder kosmischer Nonsens.

Die zweite Philo-Sophie

Sei dir stets ein Witz,
dass du immer was zu lachen hast.

Die dritte Philo-Sophie

Nur wer sich selbst zum Besten hält,
zählt bei uns auch zu den Besten.

(Frei nach J.W.v.Goethe)

Die vierte Philo-Sophie

ES GEHT IMMER UM NICHTS.
DAS IST JETZT KEIN WITZ HIER.

Das ist der Dreh- und Angelpunkt aller Universen.
Aus diesem Stoff sind Atome.
Aus dem Stoff ist unsere Psyche,
von diesem Stoff lebt unsere Partnerschaft.

Auch wenn du uns das jetzt noch nicht glaubst, wir haben Wege und Techniken entwickelt, dir diese Wahrheit zu zeigen von deinem

WELTENDRAMA UM NICHTS.

Um dieses Nichts dreht sich alles im Zen –
dreht sich alles bei LACH & CHAOS.

Dieses Nichts hat die Kraft, unsere Probleme so ad absurdum zu führen, daß wir nur mit stundenlangen Lachkrämpfen antworten können. Nur erkennen müssen wir es halt noch, dieses

GROSSE NICHTS – WAS ALLES IST.

Die fünfte Philo-Sophie

Nicht zu glauben, was wir glauben

Diese Philosophie ist für unsere Meisterschüler. Denn sie gehen den großen Pfad des lachenden Erwachens und sie wollen das Ziel der Ziele erreichen: die Überwindung der Dualität.

Diese Philosophie soll uns unseres Glaubens an die Dualität entheben und uns aus unseren emotionalen Anhaftungen des täglichen Lebens befreien. Sie soll uns dorthin zurückbringen, wo unsere Freiheit liegt, die wir alle suchen. Ein Erwachter hat im Großen Kosmischen Lachen über sich selbst diese Freiheit gefunden und die nächst höhere Wahrheit, die lachende paradoxe Wahrheit, erkannt. Fragt man ihn, was die Welt in Angeln hält und wie das Nadelöhr ist, das darüber hinaus führt, so antwortet er:

Nicht zu glauben, was wir glauben,
ist das Nadelöhr
zur Überwindung unseres dualen Denkens
und zur Überwindung unserer Probleme.

Jeder Glaube, jeder, ist von der nächst höheren Ebene der erwachten paradoxen Wahrheit höchstens ein Kosmischer Witz der Dualität. Mit Glauben meinen wir nicht nur religiösen Glauben, sondern alles, was wir uns vorstellen können, was wir denken und fühlen. Führen wir unsere Glaubensmodelle über Paradoxien, wie wir es mit unserer Psycho-Chaos-Praxis machen, zum Erkennen der nächst höheren Wahrheit, der paradoxen Wahrheit, dann geht uns der Witz über den Unsinn von Glauben auf.

Darum ist unsere fünfte Philosophie:
Nicht zu glauben, was wir glauben
ein ganz großer Schlüssel,
nicht nur zum Erwachen über unsere Probleme,
sondern sogar über Glaube und System,
die uns gefangenhalten in unserer Vorstellung von Welt.

Der Jubelpfad
ist ein Weg der Selbsteroberung

*von der
Bewußtseinserweckung
zur
Bewußtseinserweiterung
in die
Bewußtseinserheiterung*

zum
LACHENDEN LICHTBEWUSSTSEIN
*und
darüber hinaus …*

… DURCH DIE TÜR, AB IN DIE KÜCHE.

Ein Rat an unsere Suchenden:

Such nicht den Sinn des Lebens,
such den Unsinn
des Lebens.

Nur wenn du bereit bist,
anzunehmen,
daß es keinen Sinn des Lebens gibt,

und du den Unsinn
gefunden hast,

dann geh weiter

und erkenne,
daß es auch den nicht gibt.

Dann hast du ES.
Dann bist du ES.

Und dieses ES ist Lachen,
ist Glücklichsein,
ist Liebe
und Lebensfreude
pur.

Der Pfad des lachenden Erwachens

bringt nicht nur
einen völlig neuen Weg
der Selbstbefreiung,
sondern eine
neue Dimension von Bewußtsein.

Die alte Dimension des Bewußtseins war:

GUT UND BÖSE
Yin und Yang

DIE NEUE DIMENSION DES BEWUSSTSEINS IST:

LACH & CHAOS

WAS, DAS GLAUBST DU UNS NICHT?

Das ist eh gut!

Wir dachten schon,
wir würden mit dieser Aussage
überhaupt nichts erreichen.

Lachen

Lachen ist gesund.
Lachen ist revolutionär. Lachen befreit.
Lachen erlöst die Seele aus Schmerzen
und heilt alte Wunden.

Wer herzhaft lachen kann,
dem öffnen sich die Herzen der anderen Menschen,
und Sympathie fliesst ihm zu
wie Honig in die Milch.

Lachen ist das Manna der Liebe.

Wo echtes Lachen ist, da sind wir zuhause,
da ist immer ein gemeinsamer Weg.

Das Lachen

Dieses befreiende Lachen, das tief aus der Seele oder aus dem Herzen kommt, ist oft in uns unterdrückt. Nur wenige Menschen können mehrmals pro Tag aus vollem Herzen laut lachen oder gar täglich vor Lachen auf die Knie gehen und den Witz der Situation sehen, der jeden Moment mitläuft. Dieses Lachen wurde oftmals in der Kindheit unterdrückt durch Botschaften wie »*Kind, kicher' nicht so!*« oder im scharfen Ton »*Was gibt es da zu lachen?*«

Später haben wir uns unser Lachen selbst verboten oder sind oftmals gar nicht auf die Idee gekommen, den Witz der Situation sehen zu wollen, sondern haben uns immer auf der ernsthaften Ebene des Erkennens eingeklinkt. Diese Blockaden freizumachen, diese innerlichen Verbote aufzuheben und das Lachen freizusetzen, gehört zur Schulung des humorbewußten Menschen. Ist der Weg des innerlichen Lachens von unseren Unterdrückungen freigeschaufelt, dann wird der Weg des lachenden Erwachens ein wonnebares Erlebnis.

Wir haben kein Bewußtsein über die Qualität des Lachens. Würden wir es haben, wäre unser Leben viel mehr von dieser herrlichen Qualität der jubelnden Leichtigkeit durchzogen. Mediziner wissen, daß echtes langes und tiefes Lachen den ganzen Stoffwechsel des Körpers ändert zum Wohle unserer Gesundheit. Lachen in der Schwangerschaft ist die beste Voraussetzung für ein sonniges Kind. Lachen erlöst unsere Seele aus Schwierig-keiten. Lachen, das uns auf die Knie wirft, wo wir uns abkugeln über uns selbst, erlöst den Körper von festgefahrenen Blockaden und hilft uns bei der seelisch-geistigen Reinigung. Echtes Lachen öffnet das Herz, und wir sind wieder frei für die Schönheit der Liebe.

Wo wir mit liebendem Herzen lachen,
ist ES,
das Göttliche
gerade mitten unter uns.

Wenn wir von LACH & CHAOS über das Lachen sprechen oder schreiben, dann meinen wir das Lachen, das uns auf die Knie zwingt. Wo uns die Lachtränen nur so über das Gesicht laufen. Dieses Lachen meinen wir. Dieses Lachen ist herrlich.

Aber dieses erlösende,
sich selbst befreiende Lachen will gelernt sein.
Besonders das Lachen über sich selbst.

Die verschiedenen Arten des Lachens

Es gibt 7 verschiedene Arten des Lachens:
3 ungute Arten, 2 gesunde Arten und 2 heilige Arten des Lachens.

STUFE I – DIE UNGUTEN ARTEN DES LACHENS
- Das höhnische oder bösartige Lachen
- Das Lachen der Irren
- Das künstliche oder hysterische Lachen

STUFE II – DIE GESUNDEN ARTEN DES LACHENS
- Das Lachen des Herzens
- Das Tränenlachen der Seele

STUFE III – DIE HEILIGEN ARTEN DES LACHENS
- *Das Große Kosmische Lachen*
  Die Hochzeit mit dem Lachenden Licht
  Das lachende Erwachen über uns selbst (Auflösung von Dualität und Glauben, Erlangung des Kosmischen Bewußtseins)
- *Das lachende Erwachen über Raum, Zeit und Form*
  Das Lachen der Buddhas oder das Lachen der Götter
  Die göttliche Geburt (Auflösung des Kosmischen Bewußtseins)

Das höhnische oder bösartige Lachen

Es ist das Lachen der Dämonen in uns, der sadistischen Freude. Es geht auf Kosten eines anderen. Die Freude, andere übers Ohr gehauen oder ihnen Schaden zugefügt zu haben, gehört hierher sowie das Lachen über schmutzige oder degradierende Witze. Dieses Lachen ist oftmals ein Kopflachen, jedoch kann es bei tiefer Schadenfreude sogar aus dem Bauch kommen. Lach & ChAos hat mit diesem Lachen nichts zu tun, und wir würden es in den Seminaren auch sofort stoppen. Höhnisches Lachen hat die Absicht, andere zu verletzen, zu verhöhnen oder zu verspotten. Satire, Zynismus und Sarkasmus gehören hier her. Für erwachte Menschen ist höhnisches Lachen nur ein Zeichen der Bösartigkeit des Lachenden, und sie werden in keinem Fall mitlachen, sondern den, über den dieser Hohn und Spott ausgeschüttet wurde, trösten oder verteidigen.

Das kranke Lachen – Das Lachen der Irren

Dieses Lachen ist besonders bekannt geworden durch Nero, der die Stadt Rom anzünden ließ, sich mit seiner Harfe singend und lachend auf seine Terrasse setzte und lustvoll irre lachend dem Untergang Roms zusah.
   Psychologen der Psychiatrien kennen dieses Lachen, und es ist ein Ausdruck der Geisteskrankheit des Lachenden.

Das künstliche oder hysterische Lachen

Das hysterische Lachen ist ein künstliches Lachen. Es vermeidet die Begegnung mit dem Schmerz, der diesem Lachen zugrunde liegt. Hysterisches Lachen ist kein böses Lachen, macht aber oftmals echtes Lachen kaputt. Es ist besser, jemand hat ein hysterisches Lachen zur Verfügung, als überhaupt kein Lachen. Lachen kommt aus dem Hals-Chakra und kann durch Schmerzerlösungsarbeit zu einem gesunden Lachen transformiert werden.

Das Lachen des Herzens

Dieses Lachen aus dem Herzchakra kennt jeder. In diesem Lachen ist jeder zu Hause. Hier begegnen sich die Herzen. Hier springt der Funke der Lebensfreude über. Hier wird das Leben lebens- und liebenswert. Freude und Spaß verbinden uns. Lebendigkeit zieht in uns ein. Ein Gefühl der Gemeinschaft entsteht. Wer herzhaft lachen kann, der öffnet die Herzen vieler Menschen.

Sorgen des Lebens lassen sich über dieses Lachen für Minuten oder ganz vergessen. Hier hat das Herz Zeit aufzuatmen, um neue Lebensfreude zu schöpfen. Wenn wir in diesem Lachen unsere Seele baumeln lassen, dann bekommen wir wieder eine Ahnung von der Leichtigkeit des Seins. Wer lachen kann, statt wütend zu werden, der darf sich schon einen kleinen Meister des Lebens nennen.

Dieses Lachen des Herzens ist die Basis vom Lach & ChAos-Training und ist immer mit uns. Denn der Pfad des lachenden Erwachens ist ein Weg für Menschen, die die Liebe zur Komik, zum Humor oder zum Witz des Lebens in ihrem Herzen tragen.

Das Tränenlachen der Seele

Um dieses Lachen eines Tages erreichen zu können, dafür geben wir unsere Seminare. Es kommt seltener vor in unserem Leben, da wir nicht geübt sind, uns diesem Lachen hinzugeben.
Dieses Lachen ist großartig. Es ist das Lachen des Körpers und kommt aus dem Solarplexus, dem Sitz der Seele. Wenn deine Seele lacht, gehst du vor Freude auf die Knie, und du wälzt dich über Tisch und Stuhl. Bei diesem Lachen bleibt kein Auge trocken. Die Lachtränen laufen dir über die Wangen. Aber du hast keine Worte, es zu erklären, brauchst du auch nicht. Man versteht dich jetzt ohne Worte viel besser. Manchmal zeigst du dir bei diesem Lachen auch an die berühmte Stelle, oben an der Stirn und meinst gerade dich, weil dir etwas über dich aufgegangen ist.

Take it easy und lach weiter!

Dieses Lachen befreit den Körper von Blockaden. Es erlöst uns aus unserer körperlichen Schwere, den abgelagerten Schuld- oder Angstgefühlen und ist eine so große Reinigung des Geistes, daß wir uns danach für Monate emotional entladen haben – der Geist wird leer – und die Welt beginnt uns in einer Leichtigkeit zu erscheinen, die wir vorher nicht wahrnehmen konnten.

Dabei geht es nicht allein um das Lachen, das wäre schon gut genug, sondern es geht primär um die Freiwerdung der Seele von altem Schutt und Schwere der Psyche. Das Licht der Freude, das in dieser Schwere des Unbewußten eingebunden war, steht uns wieder als Liebe und Lebensfreude zur Verfügung. Es ist eine Auflösung des Schattens unserer Psyche in das lachende Licht, in das Licht der Liebe.

Auch Schicksalsschläge können dieses Lachen auslösen. Wenn Schicksalsschlag auf Schicksalsschlag kommt und noch einer und noch einer. Und du sitzt da in deinem Dilemma, um dich herum nur noch das dunkle Chaos und genau an dem Punkt von "nichts geht mehr" beginnt es in dir zu lachen. Du lachst und lachst und lachst und kannst nicht mehr aufhören.

Manche Menschen erleben nach Drogenkonsum (LSD oder Marihuana) einen längeren, sogar stundenlangen Lachschub. Dieser gehört zum Tränenlachen der Seele.

Du überwindest mit diesem Lachen gerade alle Schmerzen, die zu deinem Dilemma gehören. Bleib drin, wenn es dich ereilt. Es geht vorbei. Genieße dieses herrliche Lachen solange du kannst, und juble mit dir und feiere dein Leben im lachenden Licht.

Dieses Lachen dauert wenigstens eine halbe Stunde nonstop, meistens aber 1 bis 2 Stunden. Manche bringen es sogar fertig, vier bis sechs Stunden nonstop im Lachkrampf der Seele über sich selbst zu sein.

Viele meinen, dieses Lachen müsse weh tun. Das ist nicht wahr. Wer in dieses Lachen verfällt, der kugelt sich den Teppich hoch und runter und er ist hinterher so befreit, wie nie in seinem Leben. Wer einmal einen drei- bis sechsstündigen Lachschub erlebte, der hat unvorstellbar viel Trauer, Schwere und hinuntergeschlucktes Leiden damit in jubelnde Freude transformiert.

Das Große Kosmische Lachen

Das Lachen der Erleuchteten
oder
Das lachende Erwachen über uns selbst
(*Aufhebung von Dualität und Glaube*)

Wer dieses große Ziel erreicht, der hat die erste große Meisterschaft über sich selbst
und damit den Quantensprung ins Kosmische Bewußtsein erlangt.

Er hat ES

Er ist ES

Er ist ein im Licht Angekommener.

Halleluja und Halloduda!

Und herzlich willkommen als

*»Heiliger Kosmischer Narr«
auf Erden.*

Warum lachen die Erleuchteten so sehr, daß sie an den Tagen ihrer Lichtwerdung, ihrer Wieder-Einswerdung mit dem göttlichen Geist sich 3 Tage um jeden Baum, um jeden Grashalm wickeln und sich tagelang die Wiese hoch und runter kugeln? Was können sie sehen, für das wir voll blind sind? Welche Wahrheit offenbart sich ihnen, daß sie so lachen können, daß wir als verernsthaftete Menschen ihnen kaum noch folgen können?

Sie haben die Einschau in den Kosmischen Witz über Gut und Böse, Sie haben die Einschau in die humorvolle Sichtweise Gottes.

Aus der höheren Ebene des Bewußtseins, dem Kosmischen Bewußtsein (kosmisch heißt: höhere Ordnung), erfahren wir die Dualität als ein Narrenspiel mit uns selbst, und uns selbst als den Narren im eigenen Narrenspiel. Aus dieser Erkenntnis heraus nennen wir uns auf dieser Stufe einen Heiligen Kosmischen Narren, denn wir sind jetzt im Licht erwacht und wieder heil mit uns selbst geworden. Vor unseren inneren Augen läuft unser duales Narrenspiel, das wir viele Leben glaubten, ab, und Lachschub auf Lachschub erkennen wir den Witz über unsere Probleme.

Was wir da zu sehen bekommen, das haut uns um. Das zwingt uns vor Lachen auf die Knie, und unter unendlichen Lachkrämpfen und Lachtränen, drei Tage nonstop, offenbart sich uns unser

EIGENES WELTENDRAMA UM NICHTS,
das wir viele Leben ernst genommen haben.

Bei tiefster Einschau in die Gesetze von Gut und Böse erkennen wir nicht nur unser eigenes Weltendrama um NICHTS, sondern auch das große Weltendrama um NICHTS. Es, das Licht, offenbart uns die vielen verschiedenen Narrenspiele der Dualität.

Die Dimension des lachenden Erwachens über Dualität und Glaube ist die Erfahrung

EINER WELT, IN DER ES KEIN LEIDEN GIBT.

Unser Wahn, an Leiden anzuhaften, Leiden zu kreieren und daran zu glauben, wird uns auf dieser Bewußtseinsstufe so ad absurdum geführt, daß wir bersten vor Lachen, wenn wir erkennen, wie wir dem Wahn des Leidens hinterhergelaufen sind.

Vom Standpunkt des paradoxen Kosmischen Bewußtseins ist unser kleines 2-dimensionales Bewußtsein von Gut & Böse höchstens ein Kosmischer Witz von Wahrnehmung, jenseits jeglicher Ernsthaftigkeit und jeder Glaubwürdigkeit.

Ernsthaftigkeit ist eine Geisteskrankheit
und bringt uns sehr viel Leiden. Es kostet uns das Abgeschnittensein von höheren Welten sowie das Abgeschnittensein von Gott.

AUS DIESER DUALITÄTSVERBLENDUNG GIBT ES KEINEN AUSWEG,
es sei denn,
der Quantensprung ins Kosmische Bewußtsein wird geschafft.

Wer diese Dimension des Bewußtseins erfaßt, sei es für Stunden oder gar für Tage, dessen Herz wird jubelnde Seligkeit und göttliche Alliebe. Geniale Allintelligenz läßt ihn erwachen zur nächst höheren Wahrheit, der humorvollen Wahrheit des Kosmischen Bewußtseins.

Die mystische oder chymische Hochzeit, die Hochzeit zwischen Mann und Frau in uns, zwischen Gut und Böse, zwischen Licht und Schatten, die Wiedervereinigung des gesplitteten Bewußtseins findet statt. Dieses ist die große Hochzeit im lachenden Licht jubelnder Glückseligkeit mit uns selbst oder mit Gott, jenseits der Dualität, aber *diesseits im totalen Hier & Jetzt.*

DIESES LICHT ZU ERFAHREN, IST UNSER ALLER BERUFUNG,
DIE WIR DEN WEG DER SELBSTERLÖSUNG GEHEN.
*Das ist das Nadelöhr,
das die Suchenden des Jahres 2000 suchen.*

Diese Hochzeit mit Gott oder mit sich selbst dauert ca. drei Wochen. Nein, es gibt keine Worte, unsere Seligkeit zu beschreiben, die wir jetzt drei Wochen lang erfahren werden. ES, die All-eine Intelligenz des Kosmischen Bewußtseins spricht durch unseren Mund. Höchste Intelligenz teilt sich mit. Höchste wache, humorvolle Genialität sprudelt aus unserem Geist, und tiefste Einschau in die uns bisher verborgene, humorvolle Weisheit läßt uns erwachen, entleiden und wieder Liebe und Glückseligkeit werden.

Danach werden wir neu geboren sein im Licht. All unser Karma der Schwere und des Leidens löst sich während dieser Zeit auf, während wir uns vor Lachen über Tisch und Stuhl schmeißen und uns die Lachtränen ärmelweise vom Gesicht abwischen.

Welche Seligkeit, welch ein Jubel über uns selbst, wenn wir nach Hause kommen in unser eigenes Herz und wieder eins werden mit uns selbst, jenseits der Dualität.

Unsere Philosophie ist jetzt:
Nix von heilig
paradoxe Wahrheit
oder kosmischer Nonsens.

Mit kosmischem Nonsens ist hier das Narrenspiel der Dualität gemeint und unsere Glaubensmodelle, denen wir zum Opfer gefallen sind.

Der Buddhismus erklärt diese lachende Hochzeit mit dem Licht zur 1. Großen Erleuchtung des Geistes. Das gilt jedoch nur bei dreiwöchigem Aufenthalt in dieser Bewußtseinsstufe und der damit verbundenen Einschau in die höhere kosmische Gesetzmäßigkeit.

Der Wiedergeburt auf Erden ist nach Erlangen dieser Bewußtseinsstufe ein Ende gesetzt. Auch das Leiden hört ab dieser Stufe des Bewußtseins zu ca. 60% auf.

Jedoch müssen wir weiter an unserem Bewußtsein arbeiten, um das Erreichte erhalten zu können, andernfalls kann sich sehr wohl das Leiden wieder in den Geist einbrennen.

Diese lachende Hochzeit mit sich selbst kann man auch eine

»LACH-DICH-SCHIEF – DU BIST ES« –
BELEUCHTUNG DES GEISTES NENNEN.

Ist der Weg auch weit gewesen und manchmal schwer, oft begleitet von tiefen Schmerzen des Loslassens alter und schädlicher Verhaltensweisen, so ist der Gewinn um ein Vielfaches größer. Und alle Schmerzen des Weges werden vergessen sein bei der jubelnden Wiedereinswerdung mit sich selbst.

Die Erkenntnis, daß wir mit all unserer Wichtigkeit oder unserer Selbstzerstörung höchstens ein Witz von uns selbst waren, bedeutet

> *ein Nichts geworden zu sein.*
> *Ein Nichts (ein Licht)*
> *was alles ist.*
> *In simpler Einfachheit.*

Jetzt zu glauben, wir wären besser oder größer als andere, würde bedeuten, nach der Er-leuchtung wieder in den Größenwahn zu Luzifer zu stürzen.

BE SIMPLE
UND
DIE MITTE BITTE,
IST DER WEG INS GÖTTLICHE.

Karmafreispruch für Teddy

Das Lachen eines Erleuchteten
oder
Das Grosse Kosmische Lachen

Das Lachen eines Erleuchteten ist nicht das Lachen
eines Humoristen,
ist nicht Witz oder Humor oder die Komik des Lebens.

Es ist das Lachen eines
über sich selbst Erwachenden.

Er hatte 5.000 oder 10.000 Jahre inkarniert, alle Schmerzen dieser Welt auf sich genommen, hat gelitten, unendlich gelitten. Er war Bettler und König, verloren und wieder auferstanden. Er ging Jahrtausende in die Himmel- und auch Höllenwelten, um zu lernen. Er kennt das Leiden dieser Welt. Er ging auf die Suche, sich selbst zu entdecken und wieder zurück durch alle Erinnerungen und Schmerzen der Partnerschaft und der Kindheit. Er zahlte Vermögen an Therapeuten, um alles wieder aufzuarbeiten. Er kennt 30 bis 40 seiner Vorleben, ebenso seine Engel-, Götter- und Höllengestalten. Er ist zu Hause auf den sieben Ebenen des Bewußtseins, außerdem auch noch auf den vielen anderen Ebenen der Psyche. Er studierte die universelle Spiritualität als Essenz allen Wissens, außerdem Philosophie, die auch nichts weiß, und kommt irgendwann einmal an den Punkt an, *wo sein Karma auch nicht mehr weiter weiß.*

Das ist der Moment, wo ES passiert.
Er bekommt die Einschau in die Gesamtzusammenhänge der kosmischen Gesetzmäßigkeiten.
Die Erleuchtung des Geistes
über den Wahn des Glaubens in der Dualität findet statt.
Gott in ihm oder ES in ihm offenbart sich.
Und dann passiert ES:
Er wirft sich auf die Knie und ruft
bei tiefster Einschau in das Gesetz von Ursache und Wirkung:

»Oh Gott Vater,
erhabener Buddha,
heiliger Christus,
was für ein Weltendrama um NICHTS!«

Ich lach mich schief!

Diese Einschau, die er da zu sehen bekommt, diese Wahrheit über uns und unseren Wahn der Dualität, die haut ihn so um, daß er Lachkrampf für Lachkrampf, drei Tage non-stop, sich um jeden Baum, um jeden Grashalm wickelt. Unter unendlichen Lachkrämpfen ruft er sich zu dem aus, was er in der Dualität immer war und was diese Welt des dualen Glaubens immer sein wird:

Oh, wir Narren!
Was für ein Weltendrama um NICHTS!

Auch Shakespeare, ein großer Eingeweihter,
erkannte die Wahrheit des Kosmischen Bewußtseins
und offenbarte der Welt:

»*Das Leben ist voller Lärm und Drama,
erzählt von einem Narren
und ist ohne Bedeutung*«

Das Lachende Erwachen über Raum, Zeit und Form

Das geniale, göttliche ChAos
»Die Regenbogenerleuchtung«

Wer dieses Ziel erreicht und 3 Wochen in diesem Bewußtseinszustand bleibt, der hat die Buddhaschaft, also die doppelte Meisterschaft über sich selbst und damit die Göttliche Geburt erlangt. Es ist sehr, sehr selten, daß ein Mensch diese hohe Dimension des Bewußtseins erlangt, denn dieses ist der Quantensprung in die 8. Dimension des Bewußtseins. Man nennt diese Stufe des lachenden Erwachens auch

Das Lachen der Götter
oder
Das Lachen der Buddhas.

Dieses Lachen ist bekannt geworden unter dem Begriff: "Das Lachen der Götter vom Olymp" oder als das "Homerische Lachen". Altägyptische Hieroglyphen zeigen Abbildungen von lachenden Göttern. Damit ist diese hohe Erleuchtungsstufe der göttlichen Geburt gemeint.

Das sind die Abbildungen der achten großen Erleuchtung des Geistes. Hier offenbart sich die Herrlichkeit der göttlichen Welten. Es ist die Begegnung mit der höchsten Intelligenz, der göttlichen Genialität, jenseits von Raum, Zeit und Form.

Offenbart sich uns diese Einschau ins Weltenkarma, so wird unser Zwerchfell ebenso drei Wochen lang erschüttert wie beim Großen Kosmischen Lachen. Nur offenbart sich jetzt eine viel höhere, lachende Weisheit, der göttliche Humor. Dieser Humor übertrifft jede Vorstellung menschlichen Humors.

Gott, das größte Genie, diese unvorstellbare Intelligenz, nennt sich lachend auf dieser Stufe der Erkenntnis selbst den größten

Jolly Joker des Universums.

Im göttlichen Humor über sich selbst, als Schöpfer der ganzen Welt, läßt er sein multidimensionales Schachspiel der Dimensionen als ein doublebind-Narrenspiel von Raum, Zeit und Form erkennen, dem jeder auf den Leim des Glaubens gehen muß, der nicht durch Gnade an diese Intelligenz angeschlossen ist.

Im dreiwöchigen lachenden Erwachen löst sich jetzt alle Vorstellung von Raum, Zeit und Form in uns auf. Dadurch sind wir in der Lage, das reine, diamantene oder Göttliche Bewußtsein der göttlichen Welten zu erfahren, damit wir das zweite Mal

**VOLL ERWACHT
IM GROSSEN HIER UND JETZT
AUF ERDEN ANKOMMEN.**

Der so im Licht Erwachte sitzt drei Tage lang unter einem Lichtregenbogen, für jeden sichtbar.

*Unsere Seminare
sind voll von Suchenden,
die nicht erleuchtet werden wollen.
Aber über den Witz der Erleuchteten,
da liegen sie jetzt schon die zweite Woche im Lachkrampf.*

Lachen ist die Essenz aller Religionen

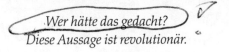

*Wer hätte das gedacht?
Diese Aussage ist revolutionär.*

Nie lehrte man uns, daß Lachen und Humor das Nadelöhr zur Glückseligkeit der Himmelswelten ist und daß Lachen und Humor uns aus unserem Daseinstrauma und Daseinsdrama von Gut und Böse befreien kann.

Warum lehrte man uns das nicht?

Oh doch, sie wußten es, die Führer der herrschenden Glaubensrichtungen. Nur hat man das geheim gehalten vor dem »dummen« Volk.

Wurden wir zur ewigen Wiedergeburt hier auf Erden manipuliert?

Heißt das, daß es deshalb neue Bewegungen vom karmischen Plan her geben mußte, wie z.B. die New-Age-Bewegung, damit sich neue Wege auftun, die dieses Wissen wieder finden und es nicht verschleiern?
  Nur Bhagwan als Meister der Provokation wagte es zu sagen. Doch da dachten wir, er würde einen Witz machen und kaum jemand nahm ihn da ernst.

Lachen, das lachende Erwachen über Dualität und Glaube ist das Nadelöhr zur Überwindung der Dualität

und der Beendigung der ewigen Wiedergeburt auf diesem Halbhöllenplaneten Erde. Aber nur die hohen Führer der Religionen hatten bisher dieses Wissen.

Warum?

Glaubte man wirklich, daß das Volk so dumm und lieb- und humorlos ist und das nicht versteht? Während man diesem »dummen« Volk gleichzeitig höchste intellektuelle Verbildung beibrachte, um es hinters Licht zu führen?

Oder ging es darum, uns im System dieser Welt des Glaubens gefangen zu halten?

Vielleicht ist es besser, wir fragen nicht weiter.

LASST UNS LIEBER EINANDER AN DER HAND NEHMEN
UND SINGEND, JUBELND, LACHEND INS LICHT GEHEN.

Das Licht der Erleuchtung liegt jenseits von Glauben

Damit liegt das Ziel jeder Religion jenseits der Religion. Nur der Buddhismus geht soweit, daß er auch das vermittelt, mit dem herrlichen doublebind-Satz:

> »... *und triffst du Buddha unterwegs,*
> *trink ein Glas Wein mit ihm,*
> *und töte ihn.*« *)

Und triffst du Lach & ChAos unterwegs,
feier' was das Zeug herhält
und dann töte das Zeug.

---

*) das bedeutet: Und erlangst du Buddhaschaft über dich selbst, dann geh auch über den Buddhismus hinweg.

Der Unsinn vom Glauben

*Glaubt irgendeiner irgendetwas
und alle anderen nicht,
so ist das Unsinn
und darauf gibt es notfalls
Todesstrafe durch Köpfen.*

*Glauben zwei dasselbe,
so wird es zur Existenz ernannt.*

*Glauben mehrere dasselbe
und halten hartnäckig an diesem Glauben fest,
so wird diese Existenz manifestiert.*

*Entdeckt einer den Unsinn vom Glauben,
so ist er erleuchtet
und frei vom Karma, –*

*aber auch für überhaupt keinen Glauben
mehr zu gebrauchen.*

Der Weg des ernsthaften Sockens

Die staubtrockene Theorie zu einem lebendigen Weg voller Lebensfreude.

Wir warnen dich davor, weiterzulesen, sonst geht es dir wie unserem Lektor.

Den haben wir nach dem Lesen des nächsten Kapitels mit einem Staubtuch von Tisch und Stuhl wischen können.

Hier ist Lach & ChAos

In der Mitte ist der lachende Lichtpfad.
Welcher ist es?

Wer den Weg des lachenden Erwachens geht, geht ihn mit einem lachendem und einem weinenden Auge.

Obwohl wir mit Paradoxien und viel Humor den Weg gehen, bleibt es uns nicht erspart, uns auch ernsthaft auf die Suche nach uns selbst zu begeben.

Dabei untersuchen wir unsere Verhaltensweisen und beseitigen die unschönen Ecken unseres Menschseins.

Wer den Weg ins Licht geht, der schält sich wie eine Zwiebel, um zum eigenen, inneren Kern vorzustoßen.

Der Suchende hinterfragt alle möglichen Glaubensmodelle von sich und gelangt so zur Klärung, welche der Glaubensmodelle sind Überstülpungen vom Elternhaus, von der gesellschaftlichen Sozialisation und welche der unbewußten Glaubensmodelle kommen aus seinem Innersten.

Beispiel: Du fühlst in dir »zwei Seelen ach in deiner Brust«, die eine will sich von der anderen trennen. Auf der einen Seite deines Lebens möchtest du dich öfter durchsetzen und Kontra geben, und du weißt auch, wie das geht. Auf der anderen Seite sagt eine innere Instanz zu dir: »Das darf man nicht.« Jetzt läufst du innerlich auf Hochtouren.

Schaust du dir das Problem mit einem Bewußtseinstrainer oder Psychotherapeuten auf der Ebene der inneren Bilderwelt aus der Kindheit noch einmal genauer an, dann offenbart sich dir die Einsicht: Daß man sich nicht wehren darf, war das Glaubensmuster deiner Mutter. Weil sie das für sich glaubte, hat sie es dir auch verboten, dich im Leben durch-zusetzen.

Später hat dann in dir deine Überinstanz, das »Eltern-Ich«, diese Aufgabe übernommen und so hast du gelernt, dir selbst das zu verbieten, was eigentlich deine Veranlagung ist. Das nennt man Überstülpungen vom Elternhaus.

Befreist du dich durch Bewußtseinsarbeit mit Hilfe eines Fachmannes oder alleine (was viel schwerer ist) davon, dann findest du dein Ich-Programm. Und das könnte heißen:
»*Ich will mich durchsetzen.*« – So gelangt der Suchende zur Ich-Findung.

Dabei transformiert er bereits die eigenen Schatten ins Licht. Das heißt, wo er sich selbst sabotierte, da wird er sein Bewußtsein anheben und neue Möglichkeiten finden, mit sich selbst positiv umzugehen. Dieses Stadium nennt man:

ICH-ZERSTÖRUNG UND SELBSTFINDUNG.

Jetzt findet der Suchende seine höheren lichtvolleren Seiten der Liebe, Geduld, Güte usw. in sich. Er findet die engelhafte Seite seines hohen Selbst, das ihn jetzt von innen führt. Die Ethik steht nun im Vordergrund seines Handelns. Manche beenden hier ihre Suche. Sie sind die neuen kleinen Heiligen dieser Welt. Denn sie sind von innen wieder heil geworden. So werden sie auch die Welt heilen, dort wo sie sind, in ihrem Beruf, in ihrer Welteinstellung oder im Familienleben.

Manche werden den Weg noch weitergehen. Sie wollen die Meisterschaft über sich selbst erlangen, ihr Narrenspiel der Dualität überwinden und lachende Hochzeit mit dem Licht erlangen.

Sie müssen jetzt ihre Psyche durch Bewußtseinsarbeit aus den tiefsten Schattenbereichen ihres Wesens erlösen, um das nächst höhere Licht zu finden.

Sie müssen die Gefangenschaft ihrer eigenen psychischen Struktur erkannt haben und die Gesetze des Bewußtseins studieren, um sich darüber erheben zu können. Dies ist ein sehr tiefes und vielschichtiges Programm der Selbstbewußtwerdung. Ein jahrelanges, vielleicht jahrzehntelanges Studium des Selbstwerdens.

Die höchsten Höhen unseres Bewußtseins können wir nur erreichen, wenn wir die dazugehörigen tiefsten Tiefen unserer Psyche ausgelotet und transformiert haben. Da wir oft davor zurückschrekken, in die eigene tiefe Schicht des Unbewußten einzusteigen, hat LACH & CHAOS mit ihrer Psycho-Chaos-Praxis eine neue Möglichkeit der lachenden Selbsterlösung gesucht und gefunden.

Lieber »Light-Age« als »Leid-Age«

Bei der Gelegenheit sollten wir erst einmal klären, was Leiden ist. Immer wieder begegnet uns in unseren Seminaren die Aussage:

»ICH HAB KEINE PROBLEME. ICH LEIDE NICHT«.

Das ist höchstens ein Witz, aber der zählt nicht zu Lach & ChAos. Der ist noch nicht gekonnt, der tut noch weh, denn das bedeutet, daß sein Weg der Erlösung noch sehr lang sein wird, und daß er noch sehr viel leiden muß, bis er erwachen darf zur Gnade der heutigen Zeit. Denn die ersten Menschen erwachen gerade aus dem Leidenszeitalter auf Erden.

Wir sind Meister des Leidens und wissen dies im Automatismus immer wieder zu kreieren. Wir lieben unser Leiden. Denn wenn wir nichts mehr haben, an dem wir uns festhalten können, dann bleibt uns wenigstens noch das Leiden.
   Wir nennen unsere schweren Schuldgefühle, unsere Ängste (die jeder hat), unsere Ohnmacht und all die Fragen der Dualität des Lebens "kein Leiden". Leben ist halb Leiden, halb Freude. Wir leben auf einem Halbhöllenplaneten, der nur für eines gut ist, hier die ge-samte Existenz der Himmel- und Höllenwelten zu studieren und über sich und alle Sys-teme, die uns gefangen-halten, zu erwachen. Um dann das Studium der Erleuchtung des Herzens und des Geistes anzustreben, um von dieser Halbhöllenwelt wegzukommen in eine nächst höhere Form des Daseins, so sagt der Buddhismus.

Was ist Leiden?

- *Von einem geliebten Menschen getrennt zu sein, ist Leiden.*
- *Sehnsüchte zu haben, die wir uns nicht erfüllen, ist Leiden.*
- *Schuldgefühle sind Leiden.*
- *Angst zu haben, ist Leiden.*
- *Streit auszutragen, ist Leiden.*
- *Einsamkeit zu fühlen, ist Leiden.*
- *Von jemandem abgelehnt zu werden, ist Leiden.*
- *Nicht weiter zu wissen, ist Leiden.*
- *Machtkampf ist Leiden.*
- *Rivalität ist Leiden.*
- *Etwas tun zu "müssen", ist Leiden.*
- *Sich dem Erfolgsdruck ausgesetzt zu fühlen, ist Leiden.*
- *Zu wissen, irgend etwas stimmt mit mir nicht, ist Leiden.*
- *Krankheit ist Leiden.*
- *Verletzt zu sein, ist Leiden.*
- *Tod eines geliebten Menschen ist Leiden.*
- *Depression ist Leiden.*
- *Partnerschaft bringt Leiden.*
- *Jede Mutter-Vater-Kind-Beziehung bringt Dreier-Leiden.*
- *Sexualität bringt immer Leiden mit sich.*

Du kannst diese Liste seitenlang noch weiter ausführen, um zu erkennen, was alles Leiden ist. Überall dort, wo unser Denken in einer (negativen) Vorstellung gefangen ist, ist Leiden. Diese Stadien des Menschseins durchläuft jeder. Leben ist halb Freude, halb Leiden. Und die wichtigste Frage, der wir uns stellen können, ist: Was ist Leiden und wie komm' ich da heraus, das lehrte damals schon Buddha.

Warum leiden wir so?

»AVATARA DEVI, wenn das stimmt, daß es viel, viel wertvoller ist, den Unsinn des Lebens zu studieren, als den Sinn des Lebens:
Sag mal, warum leiden wir denn dann so?«

»Weiß ich auch nicht.«

»Wir müssen zu Gott Vater gehen und ihn fragen.«

Die ganze Gruppe geht zu Gott Vater und fragt ihn:

»Gott Vater, wenn das alles stimmt, was AVATARA DEVI uns erzählt über die humorvolle Wahrheit vom Nonsens des Lebens, warum läßt du uns denn dann so leiden?«

Da sprach der Erhabene:
»Och Kinder, ich will euch doch euren Spaß am Frust nicht verderben!«

Die Sehnsucht, ins Licht zu gehen

Die Sehnsucht der Menschen, ins Licht zu gehen und zurückzukehren ins Paradies, ist wohl so alt wie die Menschheit selbst. Dorthin zurückzugehen, wo wir einst herkamen. Dorthin zurückzugehen, wo alles Freude, Jubel und Fülle ist. Dort hinzugehen, wo alles Liebe und Glückseligkeit ist. Dort hinzugehen, wo wir herkommen. Aber das ist lange her, daß wir da waren, und nur unsere Sehnsucht erinnert uns noch daran, daß es so etwas gibt.

Menschen, die sich immer wieder und wieder nach dem Sinn des Lebens fragen, ihnen brennt ihr Herz, und ihre Seele weint nach dem lichtvollen Zuhause.

All die Suche in den Philosophien, Religionen, Traditionen und Therapien hat sie auf ihrem Weg weitergebracht, hat ihnen Ahnung und Möglichkeiten geboten. Aber auch wenn es ihnen an vielen Stellen eine Erleichterung brachte, irgendwann mußten sie sich gestehen, daß das Ziel damit alleine auch nicht zu erreichen ist, und die Sehnsucht nach dem Licht, die blieb.

Wenn du deine Sehnsucht nach dem Licht und der Freiheit endlich satt hast und wirklich dorthin willst, wenn es dir das Wertvollste deines Lebens wird, das Licht und die Freiheit zu erlangen, allem Wenn und Aber zum Trotz, dann strebe deine lachende Erleuchtung an. Sobald du dich dafür voll und ganz entschlossen hast, liegt sie dir näher als du denkst.

Wenn du Erleuchtung anstrebst, geht es um

Alles oder Nichts.

Wobei das Alles die Vielheit der Verwirrung in der Dualität und das Nichts das Licht ist.

- Schaffst du in diesem Leben den Sprung ins Nichts, dann wird dir danach alles wieder gegeben werden und mehr als du vorher hattest. Du bekommst für dein Leidensbewußtsein ein Glücksbewußtsein, für deine Angst Liebe, für deine Macht Geborgenheit und Wohlwollen. Bevor dir dieses alles zufallen kann, mußt du erst loslassen von deinem Alles, von deiner Angst, deiner Ohnmacht und von deiner Unwissenheit. Du mußt bereit sein, dich führen zu lassen, denn dein »ich will« zwingt dich immer wieder zurück ins alte Fahrwasser des Leidens, weil es noch nicht weiß, daß die große Gnade einhergeht mit dem losgelösten Geführtwerden.

- Willst du noch Alles, dann auf Wiedersehen in der nächsten Inkarnation. Und solltest du irgendwann mal wieder vor der Frage stehen: Alles oder Nichts. Nimm ruhig das Nichts, dieses herrliche Göttliche Nichts, es gibt dir alles.

- Willst du nichts, dann wirst du für immer dem Leiden enthoben sein und nach deinem Tod eben in jener Sphäre erwachen, wo die Glückseligen leben.

- Solltest du das Nichts nicht in diesem Leben schaffen, so wirst du vorbereitet sein, es möglichst mit dem Tod zu schaffen, denn das ist noch einmal eine Chance – eine relativ einfache Chance – es zu erreichen.

Für jene, die die Erleuchtung schon mitten im Leben erreichen, wird eine große Sehnsucht gestillt.
Das Leben wird heller und leichter. Die Verwirrung des Geistes verringert sich. Die Schwere des Lebens ist abgeschüttelt, und an ihre Stelle treten Leichtigkeit, Liebe und der Humor des Lebens. Eine Erleuchtung des Geistes ist eine große, sehr große Befreiung von Sorgen, Druck, Ballast und Blindheit der Seele. Wach wirst du werden, sehr wach, und du beginnst die Dinge zu sehen wie sie sind:

MÖGEN ALLE MENSCHEN ERLEUCHTUNG FINDEN.
MÖGE DURCH IHR ERLEUCHTETSEIN
DER FRIEDEN AUF ERDEN EINZIEHEN.

Om Shanti

Hilfe, der Spiegel kommt
ODER
Das Gesetz der Spiegelreflexion

Das Gesetz der Spiegelreflexion ist das faszinierendste und umwerfendste Studium auf dem Weg der Selbsteroberung. Es ist fast noch faszinierender als die Reinkarnationsforschung der eigenen Ich-Verwicklung. Es findet in jeder Kommunikation mit Menschen statt, beruflich oder privat.

Dieses Gesetz wirkt immer und ewig diesseits und jenseits der Dualität. Es gehört zu den Gesetzen der Ewigkeit. Wir sind Bewußtsein. Wir sind ein Spiegel vom Spiegel vom Spiegel im spiegelnden Bewußtsein. Und da kommen wir nicht heraus.

Dieses Gesetz ist gnadenlos und Gnade zugleich. Richtest du dich nach diesem Gesetz und hast du ein Bewußtsein darüber, dann arbeitet es für dich.

Hast du kein Bewußtsein darüber, wie dieses Gesetz funktioniert, dann arbeitet es mehr gegen als für dich. Und es führt dich von Trauma zu Trauma immer tiefer in deine Verletzungen.

Dieses Gesetz hebt sich nur kurzzeitig in den Erleuchtungszuständen auf.

Doch dann schlägt das Gesetz wieder zu.

Wie weit ein Mensch erwacht ist, kann man unter anderem daran erkennen, wieviel er von dem Gesetz der Spiegelreflexion verstanden hat und sein Leben aus dieser Ebene heraus betrachtet sowie korrigiert.

Ein langes Studium an sich selbst durch das Gesetz der Spiegelreflexion ist ein unbedingtes Muß, ohne dessen Bewußtwerdung kein Erwachen stattfindet.

Auch bist du mit dir und diesem Studium bis ans Ende deines Lebens beschäftigt.

Das Gesetz arbeitet so subtil, daß du dir das als Anfänger nicht vorstellen kannst, daß das dein Alpha und Omega ist, auf dem dein Schicksal aufgebaut ist. Dieses Gesetz schreibt dein Schicksal. Es ist auch das Gesetz von Ursache und Wirkung, also das Gesetz von Karma, wobei Karma noch viel weiter geht.

Ohne das Gesetz der Spiegelreflexion studiert zu haben, gibt es keine Schattenerlösungs-Arbeit. Ja, dieses Gesetz ist die Basis, mit der wir uns aus unserem Schattendasein ins Lichtbewußtsein erheben können.

Hilfe, der Spiegel kommt

Die 108 heiligen Gründe, dieses Gesetz zu studieren:

Wenn du deine Beziehung verstehen willst, was da so läuft, dann studiere das Gesetz der Spiegelreflexion.

Wenn du wissen willst, warum dir immer dasselbe passiert, dann studiere das Gesetz der Spiegelreflexion.

Wenn du wissen willst, wie du zum beruflichen Erfolg kommst, dann studiere das Gesetz der Spiegelreflexion.

Wenn du wissen willst, warum du dich schuldig fühlst, dann studiere das Gesetz der Spiegelreflexion.

Wenn du wissen willst, wie du eines Tages ein liebevoller Mensch wirst, dann studiere das Gesetz der Spiegelreflexion.

Wir von Lach & ChAos sagen immer dasselbe, solange, bis es dir aus den Ohren rauskommt, und dann studiere das Gesetz der Spiegelreflexion.

Wenn du wissen willst, warum du immer Ärger mit deinem Chef hast, dann studiere das Gesetz der Spiegelreflexion.

Wenn du wissen willst, weshalb deine Ehe schief läuft, dann studiere das Gesetz der Spiegelreflexion.

Wenn du wissen willst, warum das mit der Sexualität nicht mehr klappt wie früher, ...

– Hast du es schon, wo du suchen mußt?
Hast du auch woanders gesucht, was?
Studiere das Gesetz der Spiegelreflexion.

Wenn du wissen willst, warum die anderen dich nicht verstehen, dann studiere das Gesetz der Spiegelreflexion.

Wenn du wissen willst, warum du immer so unsicher bist, o.k., du weißt schon, ... das brauch' ich dir nicht zu sagen ... aber ich sag es dir trotzdem nochmal:

Studiere das Gesetz der Spiegelreflexion.

Wenn du wissen willst, wieso du soviel Angst vor Mäusen hast, das Gesetz der Spiegelreflexion.

Wenn du wissen willst, warum du immer so eifersüchtig bist, dann schau in den Spiegel, da steht 'a, dein Partner.

– Hast du das Gesetz schon?
O.k., dann können wir ja weitergehen.

Wenn du wissen willst, warum dir deine Kinder auf die Nerven gehen, dann studiere das Gesetz der Spiegelreflexion.

– Wie warst du übrigens als Kind?

Wenn du wissen willst, warum du keine Lust hast, deiner Frau den Mülleimer runterzutragen, das brauchst du nicht zu studieren, das ist Rache, wumms waldera.

Aber wenn du wissen willst, wann und wie diese wumms waldera zurückkommt, dann studiere die Rache der Spiegelreflexion, waldera.

Wenn du wissen willst, wieso dir nie jemand hilft, dann studiere das Gesetz der Spiegelreflexion.

Wenn du wissen willst, warum du immer und ewig alles und stets übertreibst, dann studiere einfach das Gesetz der Spiegelreflexion.

Wenn du wissen willst, warum du nicht geliebt wirst, dann studiere das Gesetz der Spiegelreflexion.

Wenn du eines Tages im Glückbewußtsein erwachen willst, dann studiere das Gesetz der Spiegelreflexion.

Wenn du wissen willst, warum du es nicht ertragen kannst, wenn andere dir die Vorfahrt nehmen, dann studiere das Gesetz der Straßenordnung.

Wenn du wissen willst, wie du dich vom Karma befreien kannst, dann studiere das Gesetz der Spiegelreflexion.

Sollten wir uns hier wiederholt haben, dann nur weil wir uns in unseren Spiegeln immer wiederholen, das ist das Gesetz der Spiegelreflexion, das wir studieren.

Wenn du weiter wissen willst, warum du soviel Ärger mit anderen Menschen hast, ist das ein Wunder, du kennst ja noch nicht das Gesetz der Spiegelreflexion, da würdest du dich auch ärgern.

Wenn du wissen willst, weshalb du dich ärgerst: Du stehst gerade breitbeinig mitten im Gesetz der Spiegelreflexion.

Wenn du wissen willst, warum du ein Suchender bist: Weil du das Gesetz der Spiegelreflexion nicht mehr aushältst.

Wenn du wissen willst, warum du jetzt das Gesetz der Spiegelreflexion studieren willst:

Weil du da raus willst
aus dem Gesetz der Spiegelreflexion.
Das geht aber nicht
im Gesetz der Spiegelreflexion.
Dann such dir als Spiegel im spiegelnden Bewußtsein
einen Meister des Kosmischen Bewußtseins
im Gesetz der Spiegelreflexion.
Er hat den lachenden Karmaspiegel
als Gesetz der Spiegelreflexion.
Er kennt das Nadelöhr.

Wenn du wissen willst, ...

Wir sagten ja, ... **108 heilige Gründe.**

Auf jeden Fall treffen wir Suchenden uns,
die wir das Nadelöhr zum nächst höheren Bewußtsein
gefunden haben, auf der Himmelswiese
der kosmischen Paradoxie wieder.

*Da ist völlig egal,
ob du den Weg länger, unendlich lang,
oder verkürzt über Paradoxie gehst.*

Das nächst höhere Ziel ist der 7. Himmel der Seligkeit

*Und weißt du,
warum es der 7. Himmel ist,
von dem jeder hier spricht?*

Weil sich dort das Gesetz der Spiegelreflexion auflöst.

Das Gesetz der Spiegelreflexion enthält 5 Spiegel:

Die ernsthaften Spiegel

1. Der seitenverkehrte Spiegel

Er begegnet dir in jeder Form von Beziehungen zu Menschen und ist besonders stark ausgeprägt bei Dualpartnern.

2. Der parallele Spiegel

Er begegnet dir bei sehr bedeutenden Partnerschaften, manchmal bei einer sehr tiefen Beziehung zu einem Kind, besonders aber in Therapiegruppen, durch den Trainer oder Psychotherapeuten. Man nennt ihn auch den Plutospiegel.

Die paradoxen Spiegel

3. Der Narrenspiegel des Kosmischen Narren

Dieser Spiegel ist Gnade. Er ist etwas so Herrliches und Herzergreifendes, da bleibt vor Lachen kein Auge trocken, wenn die Weisheit des heiligen Narrenspiegels ihre volle Palette des Könnens ausspielt.

Dieser Spiegel spiegelt uns unser privates Weltendrama um NICHTS. Er führt solange unsere Glaubensmodelle ad absurdum, bis wir lachend über uns erwachen und uns als der erkennen, der wir immer waren:

Der Narr im eigenen Narrenspiel.

Dieser Spiegel gibt uns auch Einschau in die Narrenspiele dieser Welt und ist das lachende Erwachen ins

Hier & Jetzt.

4. Der Weltenkarma-Spiegel des lachenden Erwachens über Raum, Zeit und Form

Diese Weisheit des Göttlichen Bewußtseins ist noch viel höher als die Weisheit des heiligen Narrenspiegels. Es ist die Begegnung mit der humorvollen göttlichen Genialität in uns.

Diese Stufe des absoluten Erwachens ins Hier & Jetzt ist für 2-dimensional-/Gut & Böse-denkende Menschen nicht vorstellbar. Diese Stufe des Erwachtseins wird noch sehr selten hier auf Erden erreicht.

5. Der leere Spiegel – Nirvanabewusstsein

Er ist die zehnte und letzte Lichtdimension des Bewußtseins, die ein Mensch erfahren kann. Diese Leerheit des Geistes bleibt, sofern nicht stark gegen die Gesetze des Bewußtseins verstoßen wird.

Das Erreichen des leeren Spiegels ist das höchste Ziel im Zen-Buddhismus. Man nennt den leeren Spiegel auch »Das Große Schweigen«.

Für uns, die wir die Erlösung aus unseren psychischen Strukturen, die Erfahrung der märchenhaften spirituellen Welten, sowie erst einmal den Einstieg ins lachende Erwachen suchen, sind nur die ersten drei Spiegel interessant.

Der seitenverkehrte Spiegel

Du kennst ihn garantiert. Er ist deine Liebe und dein Greuel. Er bringt dich zum Ausflippen oder vor Demut auf die Knie. Dieser Spiegel begegnet dir so lange, wie du in extremen Verhaltensweisen dein Leben lebst. Überall da, wo du das Extreme lebst, kommt auch der seitenverkehrte Spiel mit dem anderen Extrem. Am liebsten durch deinen Partner oder durch deine über alles geliebten Kinder. Warum? Weil sie deine Spiegel sind.

Ein Beispiel aus der Praxis:
Bist du sehr verantwortungsbewußt, so könnten dein Partner oder deine Kinder immer weniger zur Verantwortung des Lebens neigen, je mehr du Verantwortung trägst. Ja er könnte dir, der du gewissenhaft auf dein Geld, deine Sauberkeit, Pünktlichkeit und Verläßlichkeit bedacht bist, genau den seitenverkehrten Spiegel geben.
   Dein Partner lebt von dir oder von Krediten und denkt nicht daran, einer geregelten Arbeit nachzugehen. Er ist meistens unzuverlässig, unpünktlich, schlampig und sonst noch so etwas. Ja, das kennst du. Ich weiß, wie du jetzt beim Lesen laut ausrufst:

»*Egon, komm mal her, das sind wir!*«

Es gibt auch andere herrliche, seitenverkehrte Spiegel.

Vielleicht bist du ein Kämpfer für die Wahrheit. Du bist die Wahrhaftigkeit in Person bis in den Tod hinaus. Ich vermute, daß dein Partner ein chronischer Lügner ist. Ich weiß, daß dir jetzt der Atem stecken bleibt, weil du gerade erkennst, daß dieses Gesetz sehr viel mit dir und deinen Beziehungen zu tun hat, aber lies weiter, es kommt noch besser.

Es könnte sein, daß du sehr mutig bist und mit bloßen Händen einen LKW aufhältst, damit kein Regenwurm auf der Straße überfahren wird. Ahnst du schon, wo dein Partner gerade ist? Er steht mit dem Rücken zur Häuserwand und fürchtet sich vorm Regenwurm.

Du glaubst es nicht, aber das ist ein Gesetz. Und an diesem Gesetz kannst du dir die Zähne ausbeißen oder die Welt damit erpressen, daß du dich ins Irrenhaus einlieferst.

Es hilft nichts. Das Gesetz bleibt.

Du kannst es nur studieren und am Spiegel erkennen, wo du dich in einer extremen Verhaltensweise befindest. Und dann ändere deinen seitenverkehrten Spiegel. Du liegst genauso schief wie dein Partner.

Der seitenverkehrte Spiegel arbeitet besonders gründlich bei Dualpartnern, die ihre gemeinsame Mitte finden sollen, zur Lichtwerdung und Überwindung der Dualität.

An diesem Gesetz scheitern Ehen, Beziehungen und alles Mögliche im Leben. Du aber gehst den Weg der Lichtwerdung und der Bewußtwerdung. Du schaust dir am seitenverkehrten Spiegel an, was du an dir ändern willst, und ich schwöre dir bei meinen seitenverkehrten Spiegeln:

Änderst du dich, ändert sich dein Partner.

Wir vom lachenden Lichtpfad empfehlen in solchen Fällen folgendermaßen vorzugehen:

Du bist immer der einzige, der aufräumt. Dein Partner ist schlampig. Du räumst ihm Zahnpasta bis Socken, Handtuch und das Salz für die Tomaten hinterher. Du hältst es nicht mehr aus. Du willst zum Scheidungsanwalt oder vielleicht doch lieber zur Schwiegermutter. Aber eine Lösung muß jetzt gefunden werden.

O.K., wir machen dir einen Vorschlag:

Wenn du jetzt wieder wie üblich abgehetzt von der Arbeit kommst und dich auf die Sauberkeit des Hauses stürzen willst, dann halt ein! Das machst du diesmal anders, völlig anders.

Du kommst nach Hause, legst die Beine auf den Tisch, und damit du die Unordnung der Wohnung nicht siehst, liest du jetzt ein Buch nach dem anderen durch. Nein, nicht wegräumen, wenn du fertig bist damit, mach es dir entsprechend einfach, du läßt es neben dem Sessel runterfallen.

Es ist jetzt schon der 5. Tag, an dem du das machst, und deine Wohnung wächst mit übervollen Aschenbechern, altem Kartoffelsalat, dreckigem Geschirr und abgelegten Kleidern zu.

Halte durch!

Es kommt der Punkt der Wende. Du mußt nur lange genug durchhalten. Auf jeden Fall länger als dein Partner.

Am siebenten bis zehnten Tag, die Wohnungstür geht kaum noch auf, ich schwöre es dir, jetzt irgendwann kommt der Punkt, und dein Partner fragt dich das, was du ihn immer so gefragt hast. »Sag mal, willst du denn gar nicht aufräumen? Die Wohnung sieht aus wie ein Schweinestall!«

Bleib am Pfad des Lachens und frag »Wieso?«, ganz scheinheilig.

Und jetzt hörst du deine Argumente durch seinen Mund.
»Ja merkst du das denn nicht, daß das schlampig ist.«
Bleib bei deinem neuen Mantra der Heil-Heiligwerdung: »Wieso?«
»Ja merkst du denn nicht, daß die Wohnung schon stinkt?«
Jetzt gehst du ins Badezimmer, tauchst deinen Finger in Tigerbalsam und schmierst dir damit die Nasenlöcher zu.

Dann sagst du wieder dein neues Mantra: »Wieso. Ich riech nichts!« Und lies weiter, bis dein Partner dein volles Vokabular zum Thema Sauberkeit ausgesprochen hat oder dich eines Tages überrascht mit einer aufgeräumten Bude.

Und dann feiert eure Auferstehung und tauscht eure Erfahrungen aus, die ihr auf dem Weg zur Mitte gemacht habt.

Aber vergeßt nicht, die Wohnung wieder aufzuräumen.

Der parallele Spiegel

Er wird auch der Karmaspiegel genannt. Ist der seitenverkehrte Spiegel schon unerträglich, so ist der parallele Spiegel die Krone.

Jetzt bekommst du von deinem Partner, von deinen Kindern oder vom Psychotherapeuten deine Verhaltensweisen genauso gespiegelt, wie du dich ihnen gegenüber verhältst. Nur stärker und deutlicher, damit es dir klar wird, was mit dir nicht stimmt.

Jetzt gibt es Machtkämpfe bis ins Blut hinein. Dieser parallele Spiegel, auch der Plutospiegel genannt, ist nur für eines gut:

AUF – ZU – WACHEN !!!

Pluto gilt als Herr der Unterwelt, aber ebenso als Vertreter Gottes. Er spiegelt uns unsere lichtvollen Seiten und unsere Schattenseiten zur Potenz. Man sagt, keine Gottheit kann um die Befreiung einer Seele bitten, wenn Pluto sie nicht vorher dafür gereinigt hat. Dieser Spiegel ist unerbittlich schmerzhaft, wenn du deine Lektion nicht lernst.

Dieser Plutospiegel ist stärker als du. Der zermürbt dich. Das einzige, was du an ihm falsch lernen kannst ist, daß du verhärtest oder zum Feind des Lebens wirst, weil du in deinem Blindsein die Botschaft über dich nicht gesehen hast, was du so mit anderen machst. Wirst du jetzt weich, gehst du zurück zum Verzeihen und zur Liebe, selbst dann, wenn man dir Schlimmes angetan hat (wer weiß, was du in anderen Leben getan hast), dann wirst du die Kraft in dir spüren, diesen Spiegel zu überwinden.

Wer den parallelen Plutokarmaspiegel bekommt, und er ist oftmals im Horoskop der Paare zu sehen, der hat die größte Chance, über Schmerzen aufzuwachen, über die eigenen Grenzen hinauszugehen und wirklich im Licht anzukommen.

gibt nur einen härteren Spiegel, den Pluto-Saturn-Spiegel. Er spiegelt dir deine dunkelsten Seiten so hart, daß die Herausforderung dann heißt:

Transformiere dich oder stirb (psychisch).

Wir bekommen zeitweise oder jahrelang den parallelen Spiegel. Solange, bis wir die Lektion gelernt haben und uns in Liebe verwandelt haben. Wir können jetzt ruhig den Partner wechseln, der Spiegel bleibt. Der nächste Partner übernimmt wie von selbst die Rolle. Du findest den einen, der das für dich übernimmt. Aus 5000 Menschen suchst du ihn dir aus, das ist er. Und dann, wenn die Liebe am höchsten blüht, dann beginnt auch der Spiegel.

Im Leben kommt dieser Spiegel viel schmerzhafter. Auch wissen wir im Leben oft nicht, was wir zu lernen haben. Es ist einfacher, in Selbsterfahrungsgruppen durch diesen Spiegel zu gehen. Fachlich qualifizierte Führung wird dir helfen, in dir den blinden Fleck hinter dem blinden Fleck zu erkennen und dich mit liebendem Herzen auffangen. Der Schmerz wird somit um ein Vielfaches verkürzt und die Transformation im Bewußtsein vorgenommen.

Dieser parallele Spiegel spiegelt aber auch unsere schönen Seiten zur Potenz und dann erwachen wir durch diesen Spiegel in die Liebe oder zum Blühen des Lebens. Der parallele Spiegel bringt eine starke Intensität, und dort, wo wir mit unseren Verhaltensweisen schon die Mitte gefunden haben, dort ist er herrlich, herrlich, herrlich. Ebenso herrlich wie er grausam, unerbittlich sein kann, wenn wir nicht lernen wollen.

Hast du eine Pluto-Beziehung oder -Partnerschaft, und das erkennt man aus dem Composit-Horoskop an der gemeinsamen Pluto-Mond-Konjunktion, dann geht es bei euch um eine sehr intensive Liebesbeziehung, aber auch um eine schmerzhafte Partnerschaft bis in die tiefsten Ebenen des untersten Unterbewußtseins. Hat diese Partnerschaft zusätzlich im Composit eine Jupiter-Saturn-Opposition oder -Quadrat, dann kann es in dieser Partnerschaft sogar um

ALLES oder NICHTS gehen.

Das heißt, daß diese Partnerschaft dafür da ist, sich gegenseitig bei der tiefsten Schattenerlösungsarbeit zu befreien. Und es kann bei einem oder bei beiden in der Partnerschaft um die Erlangung des Erleuchtungslichtes, also um die Wiederrückkehr ins Licht der seligkeit gehen.
Meistens erleben wir in der Partnerschaft die Mischung zwischen dem parallelen und seitenverkehrten Spiegel, und das

DOPPELTE NARRENSPIEL IM WELTENDRAMA UM NICHTS BEGINNT.

Beispiel:
Du liebst es, immer im Mittelpunkt zu stehen. Dein paralleler Spiegel aber auch, nur ist er noch strahlender als du, und er strahlt dich an die Wand. Du kommst dir plötzlich häßlich wie ein Mauerblümchen vor. Du bist in deiner Ehre gekränkt. Den Abend findest du plötzlich langweilig, und du willst nach Hause. Deinen Partner rügst du jetzt mit den Worten: »Laß die anderen doch mal ausreden, mußt du denn immer alle Aufmerksamkeit haben?«

Du findest ihn plötzlich aufdringlich, schrill und unerträglich. Vorsicht, du stehst vor deinem eigenen parallelen Spiegel.

Schau hinein. Was an dir willst du ändern? Und dann ändere es. Aber paß auf, wenn du ihn noch einmal verurteilst, meinst du dich selbst. Am besten ist, du lernst dich und deinen Partner aus den Augen der Liebe zu sehen, dann geschehen die Wunder der Transformation.

Das Ich im Du

Gruppenübungen:
Paralleler und seitenverkehrter Spiegel

- Die Gruppe teilt sich in A und B.
  A schaut B in die Augen und sucht, was ihn an B stört oder was er an B unerträglich findet; z.B. sein Geltungsbedürfnis. Dann sucht B, wo er selbst genau so geltungsbedürftig ist. Dabei beobachtet er, wie er sich selbst verurteilt an der Geltungssucht.

- Findet B die Geltungssucht bei sich selbst, dann stand er vor dem parallelen Spiegel. Findet B seine Geltungssucht nicht in sich, so gibt es zwei Möglichkeiten: entweder ist er blind für sich selbst oder er liegt im anderen Extrem des seitenverkehrten Spiegels. Er liebt es, sich klein zu machen und unter seinem Selbstwertgefühl hier auf Erden herumzulaufen.

- Findet B seine Geltungssucht nicht, so wendet er sich an die Gruppe und fragt: »Nehmt ihr an mir Geltungssucht wahr oder das Gegenteil davon?«
  Egal, was die Gruppe antwortet, sowohl A als auch B bekommen zu dem Thema Geltungssucht oder Kleinheitsgefühl eine Einzelarbeit zur Transformation.
  Beide lernen unter Anweisung eines Trainers, die Teilpersönlichkeit des Unbewußten in Liebe zu transformieren.

Abschlusstest:

- B sitzt A abermals gegenüber und schaut ihm in die Augen.
  Frage des Trainers: »Wie findest du A jetzt zum Thema Geltungssucht?«
  Die Antwort lautet dann meistens: »Sympathisch!«

Und die Moral von der Geschicht': Ich mag an anderen meine eigenen Schatten nicht.

Was ist der Schattenbereich einer Psyche?

Falls du wissen willst, was der Schattenbereich deiner Psyche ist: Das ist die Wahrheit, die dir jeder schon hundert Mal gesagt hat, wo du aber nie hingehört hast. Und wo du auf Teufel komm raus einen Streit kreierst, dich verletzt oder beleidigt zurückziehst und Rache fährst, falls dir jemand seine Wahrheit über dich sagt. Nämlich die Wahrheit, die er erlebt, wenn er im Schatten deiner Psyche steht. Hier bist du blind und taub. Auf jeden Fall bist du hier partout nicht bereit, dem anderen zuzuhören.
Das nennt der lachende Lichtpfad:

> Hören auf Tesa (Klebeband).
> *Genau da liegt der Schattenbereich deiner Psyche.*

Hier opfern wir jede Beziehung, hier läuft Ehekrieg oder Scheidung, hier gehen wir vor Gericht. Hier opfern wir jede Freundschaft, um Recht zu behalten mit unserer blinden Halbwahrheit, die wir zur ganzen Wahrheit erklären.

Wenn du genau wissen willst, wo bei dir der Punkt ist, dann laß jetzt deine kaputt gegangenen Freundschaften und Beziehungen vor deinen inneren Augen ablaufen. Ich schwöre dir bei meinen kaputt gegangenen Freundschaften: Es war immer derselbe Punkt, wo wir nicht hingehört haben und wieder recht hatten. Stimmt's?

Jeder hat etliche perfekte Narrenspiele mit sich selbst und anderen aufgebaut, mit denen er genau das sabotiert, was er gerne haben möchte.

Und da sitzt er mitten drin

> als absoluter Kosmischer Witz über sich selbst, mit Hören auf Tesa.

Und behauptet das Gegenteil von dem, was alle anderen ganz klar in ihm als Wahrheit erkennen können.

An dieser Stelle haben wir kein Gehör und wir wollen nicht verstehen. Würden wir aufwachen und hinhören, so würden wir den Witz über uns selbst erkennen und das Narrenspiel der Selbstsabotage hätte ein Ende.
Wir hören aber nicht hin. Besonders da nicht, wo es um uns geht.
Für dieses Spiel der Aufrechterhaltung unserer Glaubensmodelle von uns selbst, da opfern wir alles, um mit unserer Blindheit recht zu haben. Da behaupten wir prompt, die anderen würden uns dominieren. Die Wahrheit aber ist, wir dominieren da andere.

An der Stelle erklären wir uns zum Opferlamm anderer und laufen heimlich im Racheengelgewand mit einem Scheinheiligenschein der nächsten Rache hinterher.
Frag' jetzt nicht »Wieso?«, lies weiter.
An dieser Stelle sind wir zum Ausflippen. Man könnte zum Mörder werden, in den Teppich beißen, die Schwiegermutter anrufen und die Koffer packen.

Die nächste Ehescheidung ist fällig, und schon wieder haben wir eine Beziehung als Held im Rechtfertigungsgewand der Taub-/Blindheit überlebt.
Nur hat es uns leider nicht nur die Beziehung, sondern auch wieder die Liebe gekostet, nach der wir soviel Hunger und Durst haben. Vielleicht weinen wir jetzt jahrelang über diese Dummheit. Vielleicht treffen wir uns jetzt in der Kneipe wieder und ersäufen unser schnödes aber selbst kreiertes Schicksal im Alkohol. *– Prost!*
Wir könnten auch noch ein anderes Druckmittel verwenden, um wenigstens doch noch ein Fünkchen Liebe von den anderen zu bekommen, denen unsere Taub-/Blindheit noch nicht aufgefallen ist. Da machen wir es uns leicht und flüchten einfach in die nächstbeste Krankheit.
Die Palette reicht von Grippe über Bluthochdruck, Blutzucker bis Krebs. Zwischendurch MS, Gallen-, Leber- oder Nierenleiden, je nachdem, wo wir den Druck hinschlagen lassen. Es gibt auch noch eine andere Möglichkeit wegzulaufen vor sich und der

Unfähigkeit, Liebe leben zu können. Es ist das Spiel, sich mit Arbeit zuzuschütten, um nicht zu merken, daß wir das Opfer von uns selbst und unseren Rechtfertigungen geworden sind, wofür wir natürlich die anderen verantwortlich machen.

Aber wir lassen uns »ums Verrecken« unsere blinden Flecke nicht erkennen. Lieber wechseln wir den Therapeuten, die Ehefrau und die Firma, notfalls gehen wir als Fremdenlegionär nach Afrika und rächen uns für diese »gemeine«Wahrheit mit dem Satz:
»Ich geh nach Afrika. Das habt ihr jetzt davon!«
Du könntest dich auch in einen Schmollwinkel zurückziehen. Du nennst es dann: in die Einsamkeit gehen. Das ist dieselbe Rache an uns und unserer Umwelt.

Komm zurück aus Afrika, komm raus aus deinem Schmollwinkel,

Du kannst dich jetzt im Witz über dich selbst auf die eigene Schippe nehmen. Es ist gar nicht so schwer, die Gruppen sind voll von Menschen deiner Sorte, die ihre Liebe zu der Welt und ihren Humor wieder gefunden haben.
Sie üben die hohe Kunst, über sich selbst lachen zu können.

*Und dann laß uns als Taub-Blinde unter Taub-Blinden
das Taub-Blindenfest feiern
und unser Erwachen als*
werdender kosmischer Narr.

Und falls du noch einmal nicht hinhörst, was die Wahrheit ist und du am Rechtfertigen deiner »Psychomacken« bist, dann fühle dich vom lachenden Licht gerufen:

»Liebling, nimm das Tixo aus den Ohren!«

Der paradoxe Spiegel

DAS LACHENDE ERWACHEN ÜBER UNS SELBST.

Dieser Spiegel ist Gnade.
Er spiegelt uns und unsere Schattenseiten
mit liebenden Augen über Humor und Paradoxie.

Der heilige Narrenspiegel des Nichtbewußtseins ist so etwas Herrliches und Herzergreifendes, da bleibt vor Lachen kein Auge trocken, wenn die humorvolle Weisheit des heiligen Narrenspiegels ihre volle Palette des Könnens ausspielt.

Dieser Spiegel spiegelt uns unser privates Weltendrama um NICHTS. Er führt solange unsere Glaubensmodelle ad absurdum, bis wir lachend über uns erwachen und uns als der erkennen, der wir immer waren:

DER NARR IM EIGENEN NARRENSPIEL.

Er gibt uns auch Einschau in die Narrenspiele dieser Welt. Und wir erkennen, daß wir nur einem immer zum Opfer gefallen sind: uns selbst mit unseren unbewußten Glaubensmodellen. Unbewußte Glaubensmodelle schreiben mehr Schicksal als die bewußten. Und so hatte immer unsere innere Instanz, von der wir keine Ahnung hatten, daß sie existiert, die Macht über uns, und wir mußten zwanghaft im automatischen Rhythmus uns selbst sabotieren, für Erniedrigung sorgen oder dem eigenen Größenwahn zum Opfer fallen.

Erkenne dein Narrenspiel mit dir selbst.

Der heilige Narrenspiegel des Kosmischen Bewußtseins ist ein viel höherer Spiegel als der schmerzhafte seitenverkehrte oder parallele. Jeder muß sich ein Bewußtsein über seine seitenverkehrten und parallelen Spiegel erarbeiten, dann geht es um die

Schule des lachenden Erwachens und damit um die Bewußtwerdung unserer Strukturen. Erst wenn wir deutlich erkannt haben, was die ernsthaften Spiegel uns sagen,

dann erkennen wir die Gnade, die im heiligen Narrenspiegel ist.

Der parallele Spiegel

DER STURHEITSTEST

*Lach & ChAos Trainer
Ziege Willy im therapeutischen Einsatz*

Was ist Bewußtsein?

Wir sind, wie wir sind, reines Bewußtsein. Was in der materiellen Form sich im Spiegel vom Spiegel im spiegelnden Bewußtsein erfährt. So nehmen wir automatisch das Karma, das heißt die Glaubensdogmen und Empfindungen des Kollektivs, der Eltern oder Beziehungspartner mit auf und sie unsere. Sie spiegeln sich in uns, wir in ihnen. Gleichzeitig tragen wir das Karma des sozialen Umfeldes – das heißt, so wie unsere Umwelt empfindet, denkt und handelt –, des Landes, in dem wir leben, und das Erdenkarma mit ab, sowie das Karma des dualen Denkens. Jeder Mensch unterliegt also sechs verschiedenen Arten des Karmas:

1. persönliches Karma
2. Karma der Eltern
3. Karma des sozialen Umfeldes
4. Länderkarma
5. Erdenkarma
6. Karma der Dualität

Das nannte die Kirche Erbsünde.

Karma heißt, wie wir denken und fühlen, so geschieht uns. Und unsere unbewußten Glaubensmodelle schreiben mehr Karma als die bewußten.

Da uns ein so hoher Prozentsatz unserer Verhaltensweisen und unserer Denkstrukturen unbewußt ist (ca. 6/7 des Bewußtseins), müssen wir im automatischen Sein unsere Konditionierung, die wir durch die Umwelt und unser eigenes Horoskop bekommen haben, zwanghaft erfüllen. Durch Bewußtwerdung und tiefe innerliche Einschau in die Systeme, ihre Strukturen und die geistigen Gesetze können wir unsere unbewußten Programme auflösen und uns aus übergestülpten Dogmen und Zwängen erlösen.

Das ist sie, die Gnade,

auf die wir gewartet haben. Das ist sie, die Gnade, die wir in Gebeten erfleht haben. Aber das kann niemand für dich tun, das mußt du selbst tun. Nur das erwachte Bewußtsein kann über das System, in dem es gefangen ist, hinaus, und das ist ein lebenslanger Prozeß der Selbstverwirklichung.

Die 5 Dimensionen des Bewußtseins

*oder die Offenbarung des heiligen Geistes
zur Erlangung der endgültigen Befreiung
von Karma und Wiedergeburt*

Das Grosse Kosmische Lachen
oder
das paradoxe Kosmische Bewusstsein

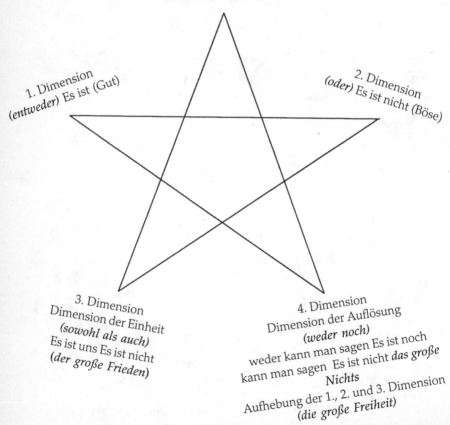

Die 5. Dimension,
Es ist nicht, darum ist Es
Das Nichts – was alles ist

1. Dimension
(entweder) Es ist (Gut)

2. Dimension
(oder) Es ist nicht (Böse)

3. Dimension
Dimension der Einheit
(sowohl als auch)
Es ist uns Es ist nicht
(der große Frieden)

4. Dimension
Dimension der Auflösung
(weder noch)
weder kann man sagen Es ist noch
kann man sagen Es ist nicht *das große
Nichts*
Aufhebung der 1., 2. und 3. Dimension
(die große Freiheit)

Die 5 Dimensionen des Bewusstseins:

1. Dimension: (entweder) *Es (die Schöpfung) ist* (und das ist gut)

2. Dimension: (oder) *Es ist nicht* (und das ist böse)

3. Dimension: (sowohl als auch) *Es ist und Es ist nicht*
die Vereinigung zwischen Gut und Böse
Erfahrung der Einheit, die Friedensdimension
Die erste, zweite und dritte Dimension sind die Dimensionen von Wahrheit und Lüge

4. Dimension: (weder noch)
Weder kann man sagen Es ist, noch kann man sagen Es ist nicht
Aufhebung der ersten, zweiten und dritten Dimension
Das Große Nichts

5. Dimension: Das humorvolle, paradoxe Kosmische Bewußtsein
Es ist nicht und darum ist Es
Das Große Nichts, was alles ist.
Es gibt nichts, was existiert, außer der Existenz.
Der Kosmische Witz

Die 5. Dimension ist die Dimension von Wahrheit und Paradoxie Hier offenbart sich die Dualität als ein gesplitteter Kosmischer Witz. Übersetzt auf unser Leben heißt das:

> *Die 1. Dimension des Bewußtseins*:
> Es ist = Der Apfel schmeckt.
> *Die 2. Dimension des Bewußtseins*:
> Es ist nicht = Der Apfel schmeckt nicht.

Das ist unsere Welt von Wahrheit und Lüge.
　Wir leben in einer Wahrnehmungswelt, wo uns entweder der Apfel schmeckt oder er schmeckt uns nicht. Derjenige, dem der Apfel schmeckt, behauptet die Wahrheit zu haben. Und derjenige,

dem der Apfel nicht schmeckt, der behauptet auch, die Wahrheit zu haben. Wechselseitig erklären sie sich zum Lügner. Das ist der Grund, warum es hier auf Erden Kriege gibt.

Wahr ist aber, daß keiner von ihnen die Wahrheit hat. Jeder hat nur eine Halbwahrheit oder eine Halblüge. Gemeinsam haben sie die Wahrheit. Der Apfel schmeckt, und der Apfel schmeckt nicht. Das ist die dritte Dimension des Bewußtseins.

Schauen wir genauer hin, dann ist die Vereinigung der Dualität: »Der Apfel schmeckt, und er schmeckt nicht« paradox (in sich selbst widersprechend):

Nur lösen diese Paradoxien noch keinen Humor oder Lachen in uns aus.

Nehmen wir die Vereinigung der Dualität über kreuz, dann haben wir die Vorstufe zum Kosmischen Bewußtsein:

> *Der Apfel schmeckt nicht, und darum esse ich ihn.*
> *oder: Ich mag keine Äpfel, kauf mir mal einige.*

Hier haben wir bereits die humorvolle Paradoxie. Jeder Witz kommt aus dieser Ebene.

Das Kosmische Bewußtsein geht von dem Glaubenssatz aus: »Es gibt nichts, was existiert, außer der Existenz.« Das heißt übersetzt: Alles schöpfte sich aus dem Nichts, (jeder Gedanke, jedes Gefühl) darum gehört auch alles wieder in dieses Nichts zurück.

Das humorvolle Kosmische Bewußtsein sagt sogar:

> *»Es gibt keine Welt, die existiert, darum laßt uns jetzt Äpfel essen.«*
> *Oder: »Willst du einen Apfel essen?«*
> *Kosmische Antwort: »In welcher Welt?«*
> *Oder ganz einfach: »Äpfel sind süß und die schmecken.«–»Dann*
> *schmeiß sie weg.«*

Splitten wir jetzt wieder den Kosmischen Witz, dann haben wir die Dualität.

1. Dimension: *Äpfel sind süß und schmecken (gut)*
2. Dimension: *Schmeiß die (guten) Äpfel weg (negativ = böse)*

Trainieren wir unser Bewußtsein im paradoxen Denken, dann wird unser Leben humorvoll süß. Außerdem ist das das beste Geistestraining zur Erlangung des Kosmischen Bewußtseins.

Dieses Erklärungsmodell macht klar, warum wir im dualen Denken keinen Ausweg zur Erleuchtung des Geistes finden.

Unser Geist braucht ein neues Geistestraining: Das Denken in Paradoxien.

Die Dualität, der gesplittete Kosmische Witz

ODER
DER SÜNDENFALL AUS DEM PARADIES

Vielleicht war die Wahrheit ja so: Gottvater und Gottmutter spielen mit ihren Kindern des Lichtes oben im Paradies und wollen ihnen beibringen, daß die Schöpfung paradox funktioniert.

Da sagt Gottvater: »Adam und Eva, kommt mal her, ihr beiden. Paßt auf! Ihr dürft jetzt von jedem Baum essen, nur von dem Apfelbaum dort drüben, da dürft ihr nicht essen«.

Die Kinder, die noch nicht wissen, daß sie paradox funktionieren, sind begeistert. Voller Elan rennen sie mit hellster Freude auf den Baum zu, und schlingen mit Heißhunger einen Apfel hinein.

Gottvater und Gottmutter lachen herzhaft, weil ihnen das Spiel geglückt ist.

Wie Luzifer, der Schlaue, der große Bruder von Adam und Eva, das sieht, befällt ihn der Neid, weil Gottvater mit ihm das Spiel nicht gespielt hat. In seiner Rache sinnt er sich etwas Gemeines aus.

Dabei denkt er sich: »Der Alte ist genial, aber ich bin schlauer als er. Da kann ich noch mehr draus machen!«

Danach ruft er Adam und Eva zu sich: »Adam und Eva, hört mir mal zu. Daß Gottvater euch das gesagt hat, das war gut, aber was ihr dann getan habt, das war böse von euch.«

Adam und Eva haben bis dahin noch nie das Wort böse gehört, und sie wissen gar nicht, was Luzifer damit meint. Luzifer macht es deutlicher: »Ihr seid böse, schlecht, gemein und schuldig.«

Auch das haben die Kinder des Paradieses bis dahin noch nicht gehört. Und sie fragen: »Wie meinst du das, Luzifer? «Luzifer versucht es noch einmal. Dieses Mal ruft er seinen großen Bruder Ahriman auch noch zu Hilfe, und beide sagen sie es mit böser und gemeiner, tiefer Stimme: »Ihr sei böse, schlecht, gemein und schuldig.«

Jetzt, da Adam und Eva die Energie von Luzifer und Ahriman in den Bauch bekommen haben, da spüren sie etwas, was sie bis zu diesem Zeitpunkt noch nicht gekannt haben. »Ja, das muß es sein«, sagen sie sich, »Es stimmt, wir sind böse.«

Dann laufen Adam und Eva zu Gottvater und Gottmama und sagen ihnen: »Wir sind böse.«

Gottmutter sage: »Wer hat euch das denn gesagt, das gibt es doch gar nicht.«

»Luzifer und Ahriman haben uns das gesagt«, sagen Adam und Eva.

Wie Gottvater das hört, wird er zornig, und er verweist Luzifer und Ahriman aus dem Paradies.

Da werden Luzifer und Ahriman ganz traurig, weil sie Angst haben, allein jenseits des Paradieses leben zu müssen.

Als Gottvater sieht, daß Luzifer und Ahriman ganz traurig sind, da sagt der gütige Vater zu den beiden: »Alle Seelen, die euch euren Blödsinn von böse glauben, die könnt ihr mitnehmen in euer Reich, damit ihr nicht so alleine seid.«

Der Geschichte nach sind wir das. Wir haben an das Märchen von Luzifer und Ahriman so sehr geglaubt, daß wir selbst zum Schöpfer von Gut und Böse wurden.

Das komische Kosmische Bewußtsein

Das Kosmische Bewußtsein springt im Fünfzack. Es hat kein lineares Denken wie unser duales Denksystem. Das Kosmische Bewußtsein führt sich selbst immer wieder ad absurdum. Die ganze Kommunikation im Kosmischen Bewußtsein ist voller Humor. Darum ist es auch das Bewußtsein, in dem es kein Leiden gibt.

HIER DAS SYSTEM, NACH DEM DAS KOSMISCHE BEWUSSTSEIN FUNKTIONIERT:

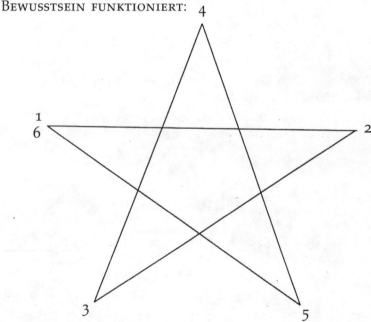

1. *These: Leben ist Leiden*

2. *Aufhebung der These über Paradoxie oder paradoxe Antithese*
Vielleicht ist alles ganz anders, und wir haben nur eine Vorstellung, daß das Leben Leiden wäre. Vielleicht müssen wir nur die Vorstellung, daß das Leben Leiden ist, aufgeben und dann könnten wir die Wahrheit erkennen, daß das Leben Glück und Liebe ist.

3. *Neue These (irgendeine muß nicht dazu passen)*
   Vielleicht sind wir ja schon im Paradies, das wir suchen.

4. *Aufhebung der neuen These über Paradoxie*
   Aber das wollen wir nicht, da sagen wir einfach, das wäre ja viel zu schön, um wahr zu sein. Wir werden doch nicht das Paradies auf Erden für wahr erklären, dann würden wir es ja schöpfen und dann wäre das Leiden im Eimer.

5. *Paradoxe Vereinigung von These und neuer These*
   Eine Welt sollen wir schöpfen, in der wir uns nicht bestrafen dürfen? Leiden ist unsere höchste paradiesische Lust.

6. *Aufhebung von These und neuer These über Paradoxie oder doppeldeutige Paradoxie*
   O.K., dann laßt uns jetzt das Glück des Leidens im Paradies verbreiten! Und, sind wir nicht da!

Mind-crash

Das Leben ist voller mind-crashs

Du hetzt dich ab, fährst zum Zug. In einer halben Stunde beginnt dein Vortrag. Du willst einsteigen, da fällt dir ein, du hast den ausgearbeiteten Vortragstext zu Hause gelassen. Was jetzt? Heulen? Schreien? Schimpfen? Panik? Was jetzt?

Du kommst in Thailand an und willst dich mit deinen Freunden am vereinbarten Ort treffen, aber wo ist der Zettel mit der Adresse? Weg! Na bravo! Was jetzt? Heulen? Ärgern? Angst? Was jetzt?

Das sind die »mind-crashs« des Lebens.

Wenn es im Leben anders kommt als wir denken, können wir verärgert sein. Also die Energie gegen uns oder andere richten oder über diese »Pannen des Lebens« so lange lachen, bis dieser Tag zu einem herrlichen Tag wird, weil wir für das Leben, wie es lebt, offen geblieben sind.

So werden kleine »Wunder« möglich. Mind-crashs, bewußt ausgeübt, um Lachen zu provozieren, lassen dich lernen, über deine Grenzen von Verärgertsein, Selbstdegradierung oder Zorn hinauszugehen.

Diese Paradoxie des Lebens hat LACH & CHAOS aufgegriffen, entschlüsselt und neu zusammengesetzt. Mind-crashs von LACH & CHAOS sind aber noch anders. Lach & ChAos arbeitet mit paradoxen mind-crashs.

Bewußt ausgeführte mind-crashs sind ernsthafte oder paradoxe Sätze, die wir in unser Unbewußtes fallen lassen, um festgefahrene Vorstellungen ins »Lachende Licht« zu erlösen.

Paradoxe mind-crashs haben die Kraft, Lachkrämpfe freizusetzen und das »Lachen der Seele« freizugeben. Eben jenes Lachen, das wir brauchen, um unseren Körper mit der Seele wieder in Einklang zu bringen. Das Lachen, das eine halbe bis zu sechs Stunden nonstop dauern kann.

BEISPIEL:
GRUPPEN- ODER ZWEIERÜBUNG

- Die Gruppe wird in 2 Teile geteilt: A und B.
  A bekommt die Aufgabe, sich eine Person auszusuchen, gegenüber der sie noch Haß- oder Wutgefühle empfindet.

- B hat die Aufgabe, die Person zu sein und in ablehnender Haltung, möglichst mit eiskalten Gefühlen, den Prozeß von A zu unterstützen. Dabei steht B vor A. A kniet sich hin, vor ihm liegt ein Kissen, um die Wut herauszuprügeln.

- A steigert sich jetzt in die Wut- und Haßgefühle und schreit sie so laut wie möglich raus. »Ich hasse dich! Ich hasse dich! Du Schwein, ich bring dich um! Was hast du mir damals angetan!« usw.

- Wenn Teilnehmer A im dicksten Heul-, Wein- und Wutkrampf ist, dann wechselt B spontan die Körperhaltung und sagt mit liebenswerter Stimme, liebenswertem Gesicht und inniger Umarmung genau in den tiefsten Punkt des Schmerzes von A hinein: »Und ich liebe dich.«

Dieser mind-crash löst in uns oft totale Verblüffung aus. Durch die Verblüffung fallen die Mauern und Abwehrmechanismen, und wir sind bereit zu verzeihen und die Liebe anzunehmen.

Mind-crash 2

- Teilnehmer A sagt Teilnehmer B sein Problem:
  z. B. »Ich verachte mich.«

- Teilnehmer B arbeitet mit mind-crash:
  »Das macht dich glücklich!«

- Teilnehmer A darf erst weiter gehen mit seinem Problem, wenn er das Glück in seinem Problem gefunden hat.

- Teilnehmer A erzählt weiter von seinem Problem. Auf jeden brauchbaren Satz sagt Teilnehmer B: »Das macht dich glücklich.« Teilnehmer A muß immer den Glücksanteil finden.

Dann Wechsel: Teilnehmer B sagt A sein Problem, usw.

Andere mind-crashs

- Das brauchst du auch nicht (bei Problemen, die mit Zwängen zu tun haben).

- Dein Weltendrama um NICHTS.

- Nonsens (Der Nonsens des Problems muß gefunden werden). Das glaube ich dir nicht (Auflösung von Glaube durch Nichtglaube).

»Lach & Chaos« unterscheidet zwischen Krisen und Problemen. Die meisten unserer Probleme sind nach den Gesetzen von »Lach & Chaos« ein Weltendrama um NICHTS.

Das Nichts ist der Witz des Problems. Der Witz liegt immer da, wo wir alles tun, Probleme kreieren zu können. Wir suchen die Mitspieler zu unseren Problemen und buhlen und kämpfen darum, daß sie ja in unserem Leben bleiben, während wir die, die uns die Erfüllung unserer Wünsche bringen, davonjagen, um die Erfüllung unserer Wünsche und Sehnsüchte um jeden Preis zu verhindern.

Zum Beispiel das Problem
»Ich werde nicht geliebt!«:
Wir sehnen uns nach Liebe, wir bluten innerlich schon danach. Damit das Programm bleibt, suchen wir uns einen »Kühlschrank« als Partner; zur selben Zeit lehnen wir die ab, die uns die Erfüllung der Liebessehnsucht bringen könnten. Wir finden schon ein »Haar in der Suppe«, warum der uns nicht die Liebe bringen kann.

Sei dein Wort

Wenn wir wollen, daß unser Leben funktioniert, wenn wir viele gute Freunde haben wollen, dann ist *»Sei dein Wort«* ein Schlüssel dazu. Auf nichts von uns kann man sich verlassen. Unsere Gefühle wechseln, unsere Gedanken, Vorstellungen und Meinungen ändern sich auch ständig.

Aber wenn wir gelernt haben, unser Wort zu sein, dann haben unsere Freunde und wir selbst einen Haltegriff. Dann säen und ernten wir Verläßlichkeit, Freundschaft und Vertrauen.

»Sei dein Wort« heißt übersetzt, daß wir jede Zusage zu 99,5 % einhalten, auch dann, wenn es uns später nicht mehr paßt, was wir gesagt haben.

Nur in ganz wenigen Fällen, wo sehr wichtige Dinge dazwischen gekommen sind, wie Krankheit o. ä., dann nehmen wir unser Wort zurück.

Beispiel:
Du hast dich mit deinen Freunden verabredet. Jetzt werden deine Kinder krank. Dann kannst du deinen Freunden sagen: »Ihr wißt, ich bin immer mein Wort, aber in diesem Fall möchte ich mein Wort zurücknehmen, weil ich es nicht einhalten kann.«

Denke dran, wenn du zwei bis drei mal den Termin abgesagt hast, dann hast du wahrscheinlich auch den Freund verloren.

ES – Das Licht

WAS IST DAS LICHT,
NACH DEM WIR UNS ALLE SEHNEN,
NACH DEM WIR ALLE SUCHEN,
OB WIR ES WISSEN ODER NICHT?

Der Liebende sucht ES in der Verschmelzung mit der Liebe.
Der Künstler sucht ES im Erfassen und Darstellen von Kunst,
das Genie in der Inspiration,
der Religiöse in der Suche nach Gott.

DAS LICHT HAT VIELE GESICHTER.

Es ist eine Metapher oder ein Mythos
für reine helle Lebensenergie pur.

Es ist auch eine Metapher für die helle Seite des Lebens
oder für das helle Bewußtsein.
Aber auch für Satori, Samadhi oder die Erleuchtungen des Geistes.

Die Regenbogenzuflucht
des lachenden Lichtpfades

Ich nehme Zuflucht
zur Liebe in mir und
zur Liebe dieser Welt.

Ich nehme Zuflucht
zum Mitgefühl und
zur Barmherzigkeit
mit allen Lebewesen.

Ich nehme Zuflucht
zur Ethik und
zur Weisheit des Lebens.

Ich nehme Zuflucht
zur innerlichen Würde.

Ich nehme Zuflucht
zum Licht in meinem Herzen und
im Herzen aller.

Luzifer, Ahriman und die göttlichen Kräfte

Rudolf Steiner berichtet in vielen Vorträgen und Büchern über die drei in uns und um uns herum wirkenden Kräfte, die ahrimanischen, luziferischen und göttlichen Kräfte. Dieses ist ein sehr wichtiges Wissen, das wir brauchen, um eine Orientierung für uns zu haben, wo unser Weg der Lichtwerdung liegt.

Rudolf Steiner berichtet, Luzifer sei der Engel, der größer und besser sein wollte als Gott. Er war ein Erleuchteter höchster Erleuchtungsstufe. Aber er benutzte dieses Wissen und Können – nicht um der Menschheit mit diesem Wissen zu dienen, sondern um eine Gegenmacht gegen Gott aufzustellen. So stürzte Luzifer und nahm unzählig viele Seelen mit, die seinem Größenwahn glaubten. Die Sphäre, wo er sich verwirklichen durfte, war auf der Erde, und die Seelen, die er mitnehmen durfte, weil sie seinem Größenwahn glaubten, das müssen nach der Geschichte wir gewesen sein. Wir gingen mit ihm und gaben ihm den Eid, ihm zu folgen.

Rudolf Steiner berichtet von Ahriman, es soll tatsächlich ein Wesen sein, das in völliger Dunkelheit lebt und für unsere Vorstellung unvorstellbar groß sei. Luzifer und Ahriman seien im Background die Herren dieser Welt. Ob das ein Mythos ist oder ob die Geschichte stimmt, liegt nicht in unserer Erkenntniskraft. Aber es gibt etwas Wesentliches daraus zu erkennen.

Rudolf Steiner teilt die Kräfte, die uns manipulieren, in drei Kräfte ein:

1. Die ahrimanischen Kräfte

Zu den ahrimanischen Kräften gehört Angst, Macht, Schuld, Besessenheit, Rache, Gewalt, Herrschaft, Diktatur, Maschinen jeder Art, erst recht Kriegsmaschinen, Krieg und alles was sich wiederholt. Also auch Zwangsverhalten, Gefühlskälte, Gewalt, Brutalität, Betonbauten, Alkohol, alle Arbeit, die sich monoton wiederholt, Arbeit in Fabriken, Bürokratie, Bürgerlichkeit, Kreieren von Not.

Ahriman ist ein vor Einsamkeit Wahnsinniger, der wegen seiner Einsamkeit die Menschen mit Gewalt zwingt, bei ihm zu bleiben. Er bringt die kalte Hölle der Gefühlskälte und alle Folgen, die das hat, und die heiße Hölle der Rache und Mordlust, sowie Lust am Sadismus, Folter usw.

2. Die luziferischen Kräfte

Die luziferischen Kräfte sind alle Kräfte, die mit »besser sein, größer sein als andere« zu tun haben. Luzifer führt die Menschen hinters Licht. Er gibt den Seelen ein Ersatzlicht für das echte Licht. Ruhm, Ehre, Drogen, Geld, großen finanziellen Reichtum. Er kennt das göttliche Licht und er weiß um die Geheimnisse. Er mischt auch zur Zeit der Erlösung tüchtig mit hier auf Erden, Seelen hinters Licht zu führen.

Zu den luziferischen Kräften gehört alles, was nach äußerlicher, gesellschaftlicher Anerkennung und gesellschaftlichem Ruhm strebt. Teile der Wissenschaft gehören hierher, besonders solche, die mit Tierversuchen arbeiten. Unsere Plastikwelt ist eine Schöpfung Luzifers.

Das Fernsehen ist eine Hochzeit zwischen Luzifer und Ahriman, unsere Autos ebenso.

Mode, Werbung, unsere Wegwerfgesellschaft, während wir am anderen Ende der Welt die Ärmsten der Armen ausbeuten, Größenwahn, Hysterie, Euphorie, Schlamperei, Selbstüberhebung, Lug und Betrug, Heuchelei, Schöntuerei, Porno, andere gering zu schätzen, Egozentrik, Heroin und Drogen jeder Art, Einreden von Wünschen, Nahrungsmittelvergiftungen und vieles andere mehr gehört zu den luziferischen Kräften.

Aber auch eine Fülle von Visionen (Fernsehen), übergroßer Reichtum und die Überfütterung mit großem Wissen, sowie Intellektualität, werden laut Rudolf Steiner Luzifer zugeschrieben. Nach Steiner schieben sich die Kräfte die Seelen gegenseitig zu. Stand jemand länger unter Zwängen, so will er in die Freiheit und flippt meistens ins andere Extrem aus, was genauso falsch ist. Uns erinnert das an die seitenverkehrte Spiegelung unseres Karmas. Steiner meint, daß die göttlichen Kräfte genau da sind, wo die Mitte von beidem ist.

Gott ist »the simple one«.
Gott ist die Mitte.

Macht oder Ruhm oder Größenwahn würde er sich nicht antun, das wäre ihm zu anstrengend.
Natur ist göttlich, glückseliges Schweigen ist heilig bis göttlich. Ein Mensch, der seine Mitte findet, der findet das Göttliche in sich.

Das Göttliche ist einfach.

Darum ist ein weiterer Schlüssel zur Lichtwerdung simple Einfachheit.
Das Göttliche ist immer dankbar, das ist seine Bezahlung. Großzügigkeit, Mitgefühl und Barmherzigkeit, Wahrheit, Liebe, liebender Humor, Lachen, heitere Gelassenheit, Ethik, göttliche Demut und innere Würde, Genialität, Schönheit, Weisheit, Zauberhaftigkeit, Faszination, Menschen und Tieren in Not zu helfen, Einfachheit, Glück, Glückseligkeit, all das sind göttliche Qualitäten.

Der lachende Lichtpfad ist ein Weg der Mitte ins Hier und Jetzt.
Er ist ein göttlicher Weg.

Der Weg des humorvollen paradoxen Sockens

Er ist die Kunst,
mit der eigenen Psyche
fix und fertig
zu werden

und sich dabei
im Großen Lachen über sich selbst
die Wiese hoch und runter
zu kugeln.

Der Clown in uns – ein Weg zur Freiheit

In jedem Menschen steckt ein Clown. Er wartet darauf, daß du ihn entdeckst und ihn durch dich leben läßt. Der Clown will gar nicht witzig sein, er ist es, weil er lustvoll mit der Welt und den Dingen spielt und dabei einfach alles schief gehen läßt.

Der Clown in uns ist ein Spieler. Er spielt mit allem, was ihm begegnet und dreht es zum Nonsens um. Mit tödlichem Ernst spielt er sein Spiel vom Nonsens (Nichtsinn) des Lebens, dabei nimmt er nichts wirklich ernst.

Der Clown spielt lustvoll mit seinen Schwächen. So übernimmt er unser Versagen und gibt uns die Möglichkeit, über unser eigenes Versagen zu lachen.

Johannes Galli aus Freiburg, ein Meisterclown, schreibt in seinem Buch »Clown, die Lust am Scheitern«:

> *Wie ein Kind sieht der Clown alles zum ersten Mal. Er schaut.*
> *Sein Blick ist durch keinen wertenden Gedanken eingetrübt.*
> *Das ist es, was ihn so liebenswert macht -*
> *sein fassungsloses Staunen.*

Ein Clown hat seine eigene Sprache. Er spricht mit den Händen, mit dem Gesicht, ja mit seiner ganzen Gestalt, und er berührt uns tief in unserem Herz.

Ein Clown wird niemals böse. Er ist die Verkörperung der Liebe und des irdischen Humors. Er hat den Schlüssel zur Komik in uns, und wenn wir bereit sind, ihn in uns leben zu lassen, dann belebt er unser Leben.

Der Clown öffnet Türen und Tore der Beliebtheit. Und er kann uns aus so manch einer Situation mit Humor wieder herausholen, die ernsthaft sehr peinlich gewesen wäre.

Jeder liebt Menschen mit Komik. Der Clown in uns ist ein Weg dorthin.

Der Clown – er weint noch nach innen und bringt außen die Menschen zum Lachen. Der Kosmische Narr - er hat den Witz über sich selbst, über seine Psyche, ja sogar über seine Inkarnation.

Der Clown in uns ist ein herrlicher Wegbereiter zum Kosmischen Narren, der eine Verkörperung des lachenden Gesichtes Gottes ist. Dazu wieder Johannes Galli:

> *Wenn wir uns Gott als einen vorstellen,*
> *der Mensch und Welt erschaffen hat,*
> *weil er sich in einem gewaltigen Schauspiel*
> *menschlicher Schicksale wiedererkennen wollte,*
> *dann ist Gott ein Clown.*

ÜBUNG 1:
Um die Freude an der Komik des Lebens aufkommen zu lassen:

- Ein Teilnehmer der Gruppe geht ganz normal im Gruppenraum in der Runde. Die anderen Seminarteilnehmer beobachten ihn und versuchen das Typische seines Ganges herauszubekommen. Der eine schleift den Fuß hinterher, der andere wackelt mit dem Oberkörper, der dritte geht ganz steif.

- Hat die Gruppe das Typische des Ganges herausgefunden, dann geht ein zweiter Teilnehmer hinterher und parodiert ihn. Ein dritter und vierter Teilnehmer parodiert den Gang auch noch. Zum Schluß schaut sich Teilnehmer 1 die Parodien an und parodiert sich selbst. So findet er seinen typischen Clown-Gang.

ÜBUNG 2:
Ein Teilnehmer der Gruppe spielt Clown.

- Er geht in die Mitte und spielt uns eine komische Situation aus seinem Leben vor. Dabei darf er nur dibbedidipp, chinesisch, oder ohne Worte sprechen.

- *Variante a*: Er erzählt ein Märchen.

- *Variante b*: Der Trainer steht plötzlich auf und verändert die Situation; er stellt einen oder zwei andere Teilnehmer dazu, oder er ändert das Märchen, indem er spontan ein völlig anderes Märchen mit hineinspielen läßt.

Übung 3:
Der Clown erzählt eine Geschichte aus seinem Leben.

- Zum Beispiel, wie er einmal eine komische Situation erlebte. Während der Clown seine Geschichte so komisch wie möglich erzählt, steht ein 2. Teilnehmer auf und bewegt dazu die Hände des Clowns. Der Clown muß jetzt so spontan wie möglich die Geschichte so ändern, daß sie zu den Händen paßt. Das löst oft viel Lachen aus.

Übung 4:
Der Clown erzählt eine Geschichte aus seinem Leben (höchstens 5 – 10 Minuten)

- Dieses Mal setzt er sich auf den Boden und verschränkt die Hände hinter seinem Rücken. Ein zweiter Teilnehmer setzt sich dahinter und steckt seine Hände durch die Arme des Clowns. Jetzt gestikuliert der zweite Teilnehmer mit seinen Händen und erzählt über Körpersprache eine völlig andere Geschichte. Der Clown hat die Aufgabe, die Geschichte der Hände durch spontane Einfälle möglichst komisch und lebendig in die eigene Geschichte einzuweben. Dabei kommt immer viel Komik heraus.

Übung 5:
Der Clown kommt zur Prüfung.

- Irgendeiner spielt den Prüfer, ein anderer den Clown. Der Prüfer bekommt die Anordnung, bei seiner Aufgabe des Prüfens zu bleiben, dabei darf er ruhig streng sein, das unterstützt sogar die Komik des Clowns.

- Der Clown kommt herein und spielt sich selbst, mit den Dingen, die da sind und mit allem, was ihm der Prüfer anbietet.

- Dabei verdreht er es zum Hintersinn, hält sich penetrant an kleinsten Kleinigkeiten auf, spricht auch nur mit ganz wenigen oder gar keinen Worten und spielt mit seiner Lust, die Dinge schief gehen zu lassen. Diese Clown-Stücke sind so faszinierend und komisch, daß sich die Gruppen oft biegen vor Lachen. Bisher konnte noch jeder, der nur einmal zugesehen hat, wo dieser köstliche Clown in uns steckt, ihn sofort spielen.

Diese Gruppenübung ist aber erst zu empfehlen, wenn die Gruppe schon offen und lebendig ist.

ÜBUNG 6:
Der Clown - das staunende Kind

- Ein Clown sieht alles wie ein Kind zum ersten Mal, ihn überfällt ein fassungsloses Staunen.

- Die Teilnehmer der Gruppe gehen im Raum umher und staunen mit großen Kinderaugen über alles, was ihnen begegnet. Alles wird faszinierender, alles wird schöner, wundervoller, alles ein einziges Wunder. Der Verwunderung wird dabei nur durch Töne und Gesten Ausdruck verliehen.

- *Steigerung 1:* Einer in der Gruppe ruft jetzt: »oh, ..., ah, ..., großartig!« und tut, als ob er das Großartigste und Wertvollste des Lebens, aller Leben, gefunden hätte. Damit muß er die Gruppe überzeugen, bis sie es auch haben will.

- *Steigerung 2:* Alle gleichzeitig

Das geniale, lachende Chaos

Wenn wir von »LACH & CHAOS« über Chaos sprechen, dann meinen wir nicht das, was du auf deinem Schreibtisch hast, denn das nennen wir eine Verzettelung.
Wir meinen auch nicht das Chaos, in dem du dich gerade befindest, weil deine Partnerschaft in die Brüche geht; das nennen wir eine geistige Projektionsverwicklung.
Das alles ist das dunkle Chaos.
Wir meinen das helle, das geniale, schöpferische Chaos, das uns zum Lachen und zur Lebendigkeit führt.

Chaos ist, so sagt die Chaos-Theorie:

Die Erforschung des Lebendigen, des Dynamischen, des Komplexen, des Wandels, des Unvorhersehbaren, des Irregulären, des Unordentlichen, des Unberechenbaren, des Unregelbaren, des Spontanen, des Schöpferischen.

Chaos hebt die bestehende Ordnung auf und wandelt sie in eine noch höhere Ordnung. Chaos ist der Spaß, aus dem kunterbunten Topf von »ALL-ES IST MÖGLICH« zu schöpfen und dabei Unvereinbares völlig chaotisch zu vereinen.

BEISPIEL UNTERE ORDNUNG (MATHEMATIK): 5 × 7 = 35
OBERE, NEUE CHAOS-ORDNUNG: 5 × 7 = ?

Dabei greifen wir ins schöpferische Chaos der unbegrenzten Möglichkeiten. Das Gesetz heißt: vereine Unvereinbares. Also

5 × 7 = DONNERSTAG

Jede andere Antwort wäre genau so richtig. Bei Chaos ist alles richtig, es gibt kein falsch. Wenn 5 × 7 Donnerstag ist, was ist dann Weihnachten? Es gibt jetzt keine Grenzen im Denken mehr. Jede spontane Idee ist richtig, es muß nur chaotisch sein.
Das setzt in uns lebendige Spielfreude, Kreativität, Spontanität, Humor und Lachen, ja sogar Genialität frei.
Die Gruppe könnte den Auftrag bekommen, aus dem Stegreif, ohne nachzudenken, nach dem Gesetz von 5 × 7 ist Donnerstag »Heiligabend« zu spielen.

EINFACHE CHAOS-ÜBUNGEN
(für die Lebendigkeit der Gruppe):

Die Gruppe wird in 3 Teile geteilt: A, B, und C.

- Teil A bekommt den Auftrag, den Gruppenraum auszuräumen.
- Teil B bekommt den Auftrag, den Gruppenraum zur selben Zeit einzuräumen. Teil C bekommt den Auftrag, A und B beim Handeln abzulenken und sie zu überreden, daß sie mit ihnen Eis essen gehen sollen.

- Jeder bleibt bei seinem Auftrag, alles geschieht zur selben Zeit. Aggressionen sind verboten; auch langes Miteinanderreden. Handeln ist angesagt.

Das Spiel: Aus dem Chaos schöpfen

- Jeder Gruppenteilnehmer sucht 3 nicht zusammenhängende Dinge, wie z. B. Stricknadel, Eimer, Gurke.

- Alle diese Gegenstände werden in die Mitte des Gruppenraumes gelegt. Die Gruppe hat jetzt die Aufgabe, mit den ausgewählten Gegenständen
  a) ein Chaos-Märchen oder
  b) ein Stegreiftheaterstück zu kreieren,
  c) eine Vereinsgründung zu spielen.

Es gelten die Gesetze des schöpferischen Chaos. Vereine Unvereinbares und setze es zu einer neuen Schöpfung völlig chaotisch wieder zusammen.

Chaos-Nonsens-pur-Spiel:

- Ein Teilnehmer geht in die Mitte, setzt irgendeine Aktion und sagt dazu etwas völlig Chaotisches. Beispiel: Er zieht sich einen Socken aus und behauptet damit »Fenster auf«.

- Ein anderer Teilnehmer greift das Spiel auf, er zieht sich den Socken an und sagt dazu: »Ich hab mir jetzt ein Auto gekauft.«

- Alle klauen sich gegenseitig die Socken, weil sie auch Auto fahren wollen. Die Gruppe liegt bereits auf dem Bauch, fährt mit dem Socken Auto und singt dazu ein Blödellied, usw. Ende des Spieles ist erst, wenn die Spielfreude nachläßt.

Bei diesem Spiel soll besonders viel Nonsens herauskommen. Die Gruppe wird von den Trainern zu Blödelsongs, Blödelgedichten, paradoxem Stegreiftheater und ganz besonders zu viel chaotischem Gesang (das heißt, jeder singt zur selben Zeit ein anderes Lied) angestiftet.

CHAOS-PUR-SPIEL:

- Der Trainer geht in den Gruppenraum und fordert irgendeinen Teilnehmer auf, ein beliebiges Wort zu sagen. Der Gruppenteilnehmer: »BARFUSS«. Daraufhin wird ein anderer Teilnehmer aufgefordert, irgendein Eigenschaftswort zu nennen, das nicht zu »barfuß« paßt. Der Teilnehmer: »emotional«.

- OK, dann ist das jetzt die nächste Herausforderung an unsere schöpferische Kreativität. Das Thema heißt also: »Barfuß emotional«. Laß uns gemeinsam
  a) ein Blödellied
  b) ein Blödelgedicht
  c) ein Nonsens-Theaterstück
  d) eine gemeinsame Collage
  e) ein gemeinsames Bild
  f) einen Verein mit Vereinssatzung
  zu diesem Thema schöpfen.

- Der Trainer wählt vorher aus, wozu er sich entschließt.

NONSENS- ODER CHAOS-MÄRCHEN:

- Die Gruppe erzählt gemeinsam ein Nonsens-Märchen. Jeder darf immer nur einen Satz sagen.

- Das Märchen von Till Eulenspiegel. Er war so spiegelig, das könnt ihr euch gar nicht vorstellen, so spiegelig, daß er das ganze Universum in seinen Augen spiegeln konnte. Auf einmal verlor er ein P. Das war ganz ganz schrecklich, denn jetzt konnte er nur noch siegeln durch seine Siegelaugen. Das tat so weh. Till Eulenspiegel weinte und weinte durch seine Siegelaugen dicke Siegel ...

Andere Themen: Das Märchen von seiner Tante Erich, die Lücken sammelte, Zahnlücken, Gedächtnislücken, ...

Das Märchen von Gott-Mutter, die auf die Erde ging, um die Zeit aufzuheben, da ... Den Themen sind keine Grenzen gesetzt.

Chaos-Spiele sind sehr schwer zu beschreiben, denn es geht nicht darum, was gemacht wird, sondern mit welcher Lebendigkeit, schöpferischer Kreativität und welchem Witz das Ganze geschieht. Chaos-Spiele sind immer anders. Chaos hat keine Technik. Es gibt bei Chaos kein Festhalten. Chaos schöpft sich aus dem »großen Hier & Jetzt«. Hier zählt nur reine Spontanität, Spielfreude und Lust, die Dinge auf den Kopf zu stellen.

Lach-Chendro

- Einer in der Gruppe beginnt zu lachen: Ha ha ha ...
  Ein Zweiter steigert es, ein Dritter ebenso, bis alle in der Runde dran waren, dann geht die Runde so weiter, bis echtes Lachen spontan aus der Gruppe kommt. Dabei ist es wichtig, daß jeder so lange wie möglich am Lachen bleibt. Jeder fängt das Lachen der anderen auf, um sich selbst zu stimulieren.

Alle Möglichkeiten des Lachens können angewendet werden: entweder ernsthaft »ha ha ha« zu sagen, hysterisch laut zu lachen oder beliebige andere Formen. Es spielt erst einmal keine Rolle, ob das Lachen echt ist oder nicht. Oft müssen wir erst hinterher lachen, wenn vorher künstliches Lachen da war.

Das Lach-Chendro wird immer besser, je länger es dauert. Wenn die Gruppenenergie paßt, kann so ein Lach-Chendro von einer Stunde bis zu drei oder fünf Stunden dauern.

Mozarts kleine Lachmusik

Diese Übung ist dafür da, den Solarplexus, der für das echte Lachen frei sein muß, zum Vibrieren zu bringen.
- Mozarts kleine Nachtmusik wird aufgelegt. Alle liegen am Boden auf dem Rücken und lassen zur Musik das Zwerchfell vibrieren, indem sie die Melodie mitsingen:
  Ha – ha ha – ha ha ha ha ha ha – ha – ha ha – ha ha ha ...

- *Variante*: Die eine Hälfte der Gruppe singt zur Lachmusik »Ha ha ha ...«, die zweite Hälfte pfeift die Melodie. Einer dirigiert das Ganze so lebendig und komisch wie möglich.
  Gegen Ende Überraschungseffekt-CHAOS: Gruppe zwei wechselt überraschend für Gruppe 1 (muß vorher heimlich abgesprochen werden) in eine andere Melodie, z. B. »Glory, glory, Halleluja ...« oder je nach Geschmack »So ein Tag, so wunderschön wie heute ...«

Das paradoxe
Lach & ChAos-Lebens-Theater

ODER
DIE KUNST, ÜBER SICH SELBST LACHEN ZU LERNEN.

Das paradoxe Theater ist das liebste Lieblingskind von LACH & CHAOS. Es ist nicht Schauspiel, nicht Pantomime, es ist nicht Rollenspiel, nicht Stegreiftheater und hat doch von jedem etwas.

ES IST LACH & CHAOS LIVE

Es ist ein lebendiges Lebenstheater, wie Leben lebt. Wir machen uns mit viel Witz auf die Suche nach unserer Suche, stellen Werte auf den Kopf, schneiden alte Zöpfe ab und gehen über Grenzen des Denkens, Fühlens und Handelns. Dazu unser Song:

Hinaus, hinaus, darüber hinaus,
über alle Grenzen hinaus
in den Nonsens.

Wir alle sind Hauptdarsteller in unserem Stück »Das Narrenspiel mit uns selbst«. Mit Ernsthaftigkeit, Komik und Nonsens schauen wir uns noch einmal die schönen und die nicht so schönen Seiten des Lebens an, weinen, lachen, toben, schimpfen noch einmal gegen »den Rest der Welt« oder die »anderen«, die wir ja selber sind und suchen dann den Witz über uns selbst dazu.

Das paradoxe lachende Theater behandelt alle Themen des Menschseins: Vertrauen, Liebe, Eifersucht, Angst, Wut, Rache, Heiligkeit, Scheinheiligkeit, tot sein, Partnerschaft, Liebe zu sich selbst und anderen. Das Gesetz der Spiegelreflexion, Aufarbeitung von Kindheitserlebnissen über Märchen und Mythos, die Begegnung mit dem Engel in uns, der Held in uns, ... den Themen sind keine Grenzen gesetzt.

Das Spontanitäts- und Lachtraining

mit dem paradoxen Lach & ChAos-Lebenstheater

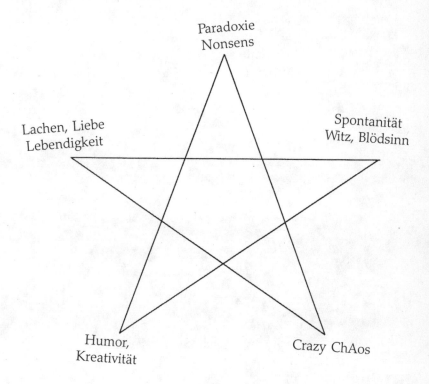

Stegreiftheater, Pantomime, Clownerie
und Crazy ChAos
zeigen uns den Weg
zur lachenden Selbsterkenntnis.

Paradoxien

Es gibt 6 verschiedene Arten von Paradoxien:

1. Paradoxe Logik
2. Paradoxe Analogie
3. Doppelte Paradoxie
4. Doppelte und doppeldeutige (doublebind-) Paradoxien
5. Doublebind-Paradoxien jenseits der Dualität (das kosmische Chaos)
6. Doublebind-Paradoxien jenseits von Raum, Zeit und Form (das göttliche Chaos)

Einfache Paradoxien lösen Lachen in uns aus. Doppelte Paradoxien sind für unser duales Denksystem Chaos.

PROBLEM: ICH BIN EIFERSÜCHTIG.
Duale Bedeutung:
Vorteil: Ich bin eifersüchtig, dadurch spüre ich mich mehr.
Nachteil: Ich bin eifersüchtig, dadurch leide ich mehr.

PARADOXE LOGIK:
(Vor- und Nachteil über kreuz)
Ich bin eifersüchtig, weil ich dadurch mehr leiden kann.

PARADOXE ANALOGIE:
(Formel: Es ist – alles was ist)
Ich bin eifersüchtig, weil Fußballspielen kein Auto repariert.

DOPPELTE PARADOXIE:
Ein eifersüchtiger Fußball hat Ostern kein Fieber.

DOUBLEBIND-PARADOXIEN:
Wenn Fußballspielen Eifersucht ist, dann ist Liebe der Elfmeter.

Doublebind-Paradoxien jenseits der Dualität:
(Das kosmische Chaos-Bewußtsein)
Die Antwort muß aus dem spontanen Hier und Jetzt, ohne nachzudenken, jenseits der Dualität und jenseits von Ernsthaftigkeit, kommen.

Duale Frage: »*Bist du eifersüchtig?*«
Antwort: Den Ton eines Esels nachmachen: *IA, IA, IA.*
Oder eine andere Antwort: *herzhaftes Lachen.*
Noch eine andere Antwort: *mit dem Finger schnipsen.*

Eine weitere Möglichkeit wäre: Du siehst, ganz spontan, im Raum eine blaue, neue Vase und du antwortest aus dem lachenden Bewußtsein heraus: »*Aber ja, deshalb habe ich mir ja auch dieses blaue Kleid gekauft, und das wiegt 12 Erbsen* (Siehe auch Psycho-Chaos-Praxis »Bingo«). Es gibt unzählige Antworten darauf.

Doublebind-Paradoxien jenseits von Raum, Zeit und Form:
Auch diese Antworten müssen jenseits von Denken, jenseits von Ernsthaftigkeit, jenseits der Dualität und jenseits von Raum, Zeit und Form sein.

Duale Frage: »*Bist du eifersüchtig?*«
Lachende Antwort: »*Bring mir die Eifersucht!*«

Bedeutung der Doublebind-Paradoxien jenseits von Raum, Zeit und Form:

Formel: Es gibt keine Existenz, die existiert,
außer der Existenz, die es nicht gibt.

Das geschöpfte Wort (in diesem Fall die Frage) muß mit der Antwort in die Paradoxie der Nichtexistenz dieser Schöpfung zurückgeführt werden. Also ist die Antwort: »*Bring mir die Eifersucht!*« richtig.

Eine andere Antwort jenseits von Raum, Zeit und Form könnte auf die Frage: »*Bist du eifersüchtig?*« auch sein: Du zeigst auf deinen Zeigefinger und sagst: »Dieser dicke Elefant jetzt in Oklahoma ist eifersüchtig.«

Das klingt für uns wie Narrheit, ist aber in der doppelten Bedeutung richtig. Im Gesagten klingt es wie Narrheit, im Ungesagten bedeutet es: Es gibt keinen Raum, keine Zeit, keine Form. Es gibt keine Existenz, außer der Existenz, die es nicht gibt.

Diese Dimension ist für unser Logo und Ratio oft im Denken nicht mehr nachvollziehbar. Bei doppelten Paradoxien sagen unser Logo & Ratio: »Hier kann ich nicht mehr, hier gebe ich auf.« Das Göttliche Bewußtsein funktioniert nur auf der Ebene der doppelten Paradoxien jenseits von Raum, Zeit und Form. Darum ist es ins duale Denken nicht übersetzbar.

Würde eine Gottheit vor uns stehen und würde sie unsere Sprache sprechen, so könnte unser »mind« sie trotzdem nicht verstehen. Auf alle Fragen unseres dualen Denkens würde die Gottheit nur in doppelten und doppeldeutigen Paradoxien antworten. Das würde für uns wie göttliche Narrenweisheit klingen. Wir würden spüren, daß wir nicht mehr hinterherkommen und daß wir es hier mit viel höheren Wahrheiten zu tun haben, als unser duales System von Wahrheit und Lüge zuläßt.

Jedoch, da der Mensch immer zum Verurteilen neigt, würde er die göttliche Weisheit hier vielleicht sogar mit »was für ein Blödsinn« diskriminieren.

Wer das lachende Erwachen über Raum, Zeit und Form erlangt, ist wochenlang in dieser Bewußtseinsstufe. Hier offenbart sich sogar die göttliche Genialität.

Bewußtseinsarbeiten mit doppelten Paradoxien knocken unser Logo & Ratio aus und führen uns, wie bei der Zen-Koan oder Psycho-Chaos-Praxis, auf die Ebene des Erwachens in höhere Dimensionen.

Doppelte Paradoxien sind für unser Bewußtsein nicht vorstellbar. Sie haben die Zauberkraft, unser an Vorstellungen gebundenes Bewußtsein in nichts oder ins »Lachende Licht« aufzulösen. Genau das ist die 4. Dimension des Bewußtseins, das Große Nichts oder das Nichtbewußtsein, wie es der Buddhismus nennt.

Da unser duales Bewußtsein jedoch an Vorstellungen gebunden ist und wir gewohnt sind, von Vorstellung zu Vorstellung unseren Vorstellungen hinterherzulaufen, geschieht für uns ein Phänomen. Die doppelte Paradoxie des nicht mehr vorstellbaren Bewußtseins löst jetzt unser an Vorstellungen anhaftendes Bewußtsein auf. Die dadurch frei werdende Energie steht uns wieder als Lebens- und Lichtenergie zur Verfügung. Unser Körper reagiert mit Lebendigkeit, Lebensfreude und Spontanität, ja, sogar mit stundenlangem Tränenlachen.

Körperliche Blockaden lösen sich mit auf, und wir erlangen einen Verjüngungsprozeß von Seele, Körper und Geist.

Hier wird auch klar, warum es im dualen System keinen Ausweg zur endgültigen Auflösung von Leiden gibt. Denn alles, was ins Denken der Dualität fällt, schöpft sofort auch wieder den Schatten dazu. Wer endgültige Befreiung von Karma und Wiedergeburt und damit das Kosmische Bewußtsein erlangen will, muß sein duales Denksystem über das Geistestraining der einfachen, später doppelten Paradoxie entschlüsseln. Das Kosmische Bewußtsein, und damit unser erleuchtetes Bewußtsein, ist jetzt schon in uns da, nur ist es über das duale Denksystem verstopft.

Jede humorvolle Inspiration kommt aus dieser Ebene der Eingebung, darum ist das humorvolle Denken das beste geistige Vortraining zum lachenden Erwachen über uns selbst.

Die paradoxe Logik
ODER
DIE WITZE DES LEBENS

Das Training zur paradoxen Logik ist ein Basistraining auf dem lachenden Lichtpfad. Es ist das Geistestraining zur Erweckung des Humor-Bewußtseins und zur Wahrnehmung einer höheren Wahrheit und Ordnung, der paradoxen Wahrheit.

Die duale Logik funktioniert nach dem Glaubensmodell von Gut und Böse, Wahrheit und Lüge. Die paradoxe Logik jedoch weiß, daß auch die Dualität widersprüchlich ist und daß die paradoxe, humorvolle Weisheit eine viel höhere Weisheit ist, und darum führt sie das Gesagte wieder ad absurdum.

*Der Apfel schmeckt,
aber man hört ihn nicht schnarchen.*

Die paradoxe Logik ist für unser duales Denken absurd und darum müssen wir lachen. Die Energie, die wir aufwenden um zu schöpfen, steht uns wieder als Lebensenergie und Liebe zur Verfügung.

Der Vorteil des Denkens und Sprechens in der paradoxen Logik ist, daß sie uns wieder zurückführt zur Beseelung, zur Lebendigkeit und zum Humor des Lebens. Dazu Erich Fromm (Auszug aus dem rororo-Buch: Nadabrahma – Die Welt ist Klang v. J. Ernst Berendt):

Die paradoxe Logik herrscht im chinesischen und indischen Denken, in der Philosophie Heraklits und ferner unter dem Namen Dialektik in den Gedanken von Hegel und Marx vor.
Der rationale abendländische Mensch meint, daß die Welt »logischerweise« allein nach aristotelischer Logik funktioniere. Bhagwan nennt das die Aristotelitis, die »große Seuche«. Der abendländische Mensch ist dieser Seuche so sehr verfallen, daß er nicht bemerkt, daß selbst in seinem nächsten Umkreis ständig auch paradoxe Logik herrscht.

**Das Denken im System der dualen Logik
läßt uns seelisch verarmen.**

Es bringt uns Schwere aufgrund des ständigen Bewertungszwanges. Denken in Strukturen von Gut und Böse schafft Leiden. Dieses Denken im dualen System der Logik läßt unseren Geist voll werden und wir müssen denken, denken, denken, denken, ob wir wollen oder nicht. Wir müssen zwanghaft immer wieder denken und rennen dabei wie ein Hamster im Rad nicht nur dem eigenen Denksystem, sondern auch der nie endenden Wiedergeburt hinterher.

Durch unser Denken in Gut und Böse kreieren wir »gute« und »böse« Gefühle, die uns im Wiederholungszwang zu dem werden lassen, der wir nie werden wollten.

Die Hauptursache unseres Leidens ist das gesplittete Denken im Bewertungszwang von Gut und Böse.
Dieses gesplittete Denken in der Dualität ist die Wurzel von Krieg, Streit, Zerstörung und Leiden.

Würden wir in der paradoxen Logik denken und jede Aussage wieder ad absurdum führen, so müßte das Erwachen aus dem Leiden stattfinden.

Krieg oder Bösartigkeit wären nicht mehr vorstellbar. Das Leiden würde zum Kosmischen Witz der Dummheit ernannt werden, das es ist. Leiden ist vom Standpunkt des Kosmischen Bewußtseins her sinnlos und nur deshalb da, weil wir noch nicht über unser höheres Bewußtsein erwacht sind.

Oh, diese Paradoxien

Wir haben entdeckt, daß Paradoxie nicht gleich Paradoxie ist und daß es ganz unterschiedliche Formen von Paradoxien gibt, die zur Reinigung von Logo & Ratio auch unterschiedliche Ergebnisse auswerfen. – So ein Blödsinn. Nochmal:

So haben wir verschiedene Kategorien entdeckt, die unterschiedliche Funktionen haben und zu ganz unterschiedlichen Zielen führen. – Das ist ja das gleiche. So ein Quatsch. Versuchen wir es nochmal:

Also: Unsere unterschiedlichen Kategorien der verschiedenen Sorten der Paradoxien haben verschiedene Ziele, die du auch erreichst durch unterschiedlichen Einsatz. – Nein, der erste Satz war doch besser.

Komm, wir versuchen es nochmal.

Die verschiedenen Kategorien unserer Paradoxien haben entsprechende – gib mir doch mal eine Zigarette – Ergebnisse. Sie lösen sehr schnell Lachen aus. Wieder andere Paradoxien, besonders Teilaussagen von gewissen Paradoxien – bitte auch das Feuerzeug – lassen das Kartenhaus der inneren Vorstellung in Lach- & Lichtgeschwindigkeit vor unseren inneren Augen ... – oh Mensch, ich hab keine Lust mehr – also was jetzt? ... So haben wir verschiedene Kategorien von Paradoxien entwickelt, die jeweils zu einem anderen Ziel des Erwachens über sich selbst hinausführen.

So, jetzt hammas aber!
Diesen Artikel haben wir jetzt fünf mal geschrieben, der bleibt.
Er steht nicht jenseits der Dualität, aber jenseits von Kritik.

Die paradoxe Psycho-Chaos-Praxis

Die Bewußtseinsarbeit mit der Psycho-Chaos-Praxis ist etwas für Leute, die es satt haben, sich selbst immer auf der ernsthaften Seite des Lebens zu suchen und die jetzt im Humor über sich selbst nach Hause kommen wollen. Hier macht Bewußtseinsarbeit viel Spaß.

DIE PSYCHO-CHAOS-PRAXIS ...

... ist genial einfach; jeder, der sie einmal gelernt hat, kann ab sofort damit an sich arbeiten.

... befreit von Sorgen- und Problemdenken.

... bringt leichte, humorvolle, spielerische Erlösung aus Schattenbereichen der Psyche und tiefsitzenden Glaubensmustern des eigenen Unbewußten.
... bringt uns das lachende Erwachen über uns selbst. Hier macht Psychoarbeit Spaß.

... ist eine Synthese zwischen der paradoxen Psychologie und der Zen-Koan-Praxis. Sie führt genau wie Zen über alle Grenzen des herkömmlichen Denkens, der Spiritualität und der Psychologie hinaus.

... erlöst uns nicht nur aus unserem Leiden und aus negativen Programmen des Unbewußten, sondern sie läßt uns sogar über das System erwachen, das dieses Leiden schöpft. Sie führt uns zum lachenden Erwachen über das Narrenspiel der Dualität und unserer Psyche. Wir beginnen, unseren Programmierungen des eigenen Unbewußten nicht mehr zu glauben, und der höchste Weg der Befreiung »vom Entglauben des Glaubens« beginnt.

... weist uns auf höchster Stufe sogar den Weg zum Nadelöhr der Überwindung des dualen Denkens und damit zur Befreiung von Karma und Wiedergeburt.

Was ist ein Koan?

Ein Koan ist eine doppelte Paradoxie, die im Denken nicht mehr nachvollziehbar ist. Dadurch hat ein Koan die Kraft, unser an Vorstellungen gebundenes Bewußtsein ins lachende Licht oder ins Nichts aufzulösen.
 Die Zen-Koan-Praxis vom Buddhismus wurde geschöpft, um Mönche über die Dualität erwachen zu lassen. Die Psycho-Chaos-Praxis wurde aus denselben Gründen entwickelt. Nur kann die Psycho-Chaos-Praxis noch mehr, sie erlöst uns auf völlig schmerzfreie, humorvolle Art von unseren Problemen und Glaubensmustern.
 Mit der Psycho-Chaos-Praxis spielt sich die Aufarbeitung von Problemen jetzt nicht mehr in riesigen Wut- und Heulkrämpfen ab, sondern in Lachschüben über uns selbst.

Was für ein Geschenk!

Sehr häufig löst die Psycho-Chaos-Praxis überhaupt kein Lachen aus, dennoch erlöst sie uns auf eine im Denken nicht mehr nachvollziehbare Weise von unseren festgefahrenen Glaubensmodellen.

Mit der Psychologie drehen wir uns um den Sinn und die Lösung des Problems. Mit der Zen-Koan und der Psycho-Chaos-Praxis drehen wir um das NICHTS, das heißt um den Nichtsinn (Nonsens) des Problems.

Das ist der wesentliche Unterschied zwischen herkömmlicher psychologischer Arbeit und der Psycho-Chaos-Praxis.

Was erreichen wir bei der Arbeit mit Paradoxien?

Das Problem löst sich im Großen Lachen über sich selbst auf. Der Horizont erweitert sich zur Einschau in eine höhere Wahrheit. Leichtigkeit des Herzens stellt sich ein, und unser Herz beginnt wieder zu fühlen.

Das Auflösen der Probleme mit Paradoxien erspart uns viel Peinlichkeit oder Schwere und Betroffenheit, die die ernsthafte Selbsterfahrung mit sich bringt.

Was können wir mit diesen Paradoxien aufarbeiten?

Grundsätzlich alles, was in die Dualität des Glaubens gefallen ist. Jede Form von Problemen, Leiden oder Anhaftungen des Geistes. Es ist eine große Hilfe, in die uns so unangenehme Schattenseite einzusteigen, denn im Witz über uns selbst können wir so manche Hürde nehmen, die wir ernsthaft nicht schaffen. Auch bei Partnerschaftsaufarbeitung ist diese Form der »Auseinanderknotung des verknoteten Bewußtseins« ein lachender Segen.

*Es ist nicht die Frage des Problems,
sondern die Frage deiner gründlichen Mitarbeit
und der Bereitschaft,
dein Leidensbewußtsein im Großen Lachen über dich selbst
auflösen zu wollen.*

Bei ganz schweren psychischen Problemen, z. B. schweren Neurosen (Masochismus), Angst, Panik, negativer Hysterie, Schizophrenie etc. ist es besser, mit herkömmlichen Techniken der normalen Psychotherapie zu arbeiten. In solchen Fällen bitten wir, einen Psychotherapeuten zu konsultieren.

Humorvolle Selbsteroberungsarbeit mit Paradoxien sind wirklich »göttlich«, aber kein Allheilmittel für alle psychischen oder gar für schwere psychische Probleme.
   Unser Weg ist der Weg der humorvollen Selbstfindung. Aber Vorsicht:

*Nicht jeder ist gewillt,
die Tragik seines Lebens dem erstbesten Witz zu opfern.*

Die Spinne im Spinnennetz

Das Bewußtsein funktioniert wie eine Spinne, die ein Spinnennetz webt, in das sie alle Erfahrungen als Glaubensmodelle einspinnt. Diese Glaubensmodelle nennen wir Implantate (z. B. ich bin schlecht, niemand liebt mich, alle Menschen sind Lügner, ich kann niemand vertrauen, ich bin der Größte, usw.).
   Wir haben Tausende von diesen Implantaten im Unbewußten. Manche sind sehr brauchbar, andere wiederum sind reine Selbstsabotage.
   Einmal eingebrannte Implantate des Unbewußten oder des Bewußten müssen wir uns selbst und anderen beweisen, ob wir wollen oder nicht.

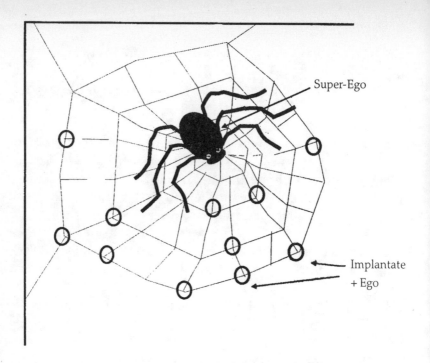

Die Spinne ist unser Super-Ego, und unsere Implantate sind unser Ego. Unser Super-Ego wacht, daß unser Ego immer überleben kann. Unser Super-Ego hat panische Angst, daß ihm seine eingesponnenen Implantate verloren gehen. Denn die Spinne glaubt, sie sei diese Implantate.

Diese Implantate nennt man auch »Ich bin«-Implantate (Ich bin, daß ich schlecht bin. Ich bin, daß mich niemand liebt. Ich bin, daß ich niemand vertrauen kann. Ich bin, daß ich der Größte bin.) Unsere »Ich bin«-Identitäten gibt die Spinne so schnell nicht her, da kämpft sie ums Überleben, und das mit allen Tricks.

Mit unseren Glaubensmustern haben wir immer recht und die anderen unrecht. Um recht zu behalten (mit unseren Glaubenssätzen), opfern wir jede Partnerschaft, werden wir rechthaberisch, ziehen notfalls vor Gericht. Mit diesen Glaubenssätzen dominieren wir andere und behaupten prompt, dominiert zu werden. Wir gewinnen mit unserem Spiel immer, und die anderen verlieren. Glauben wir, nicht liebenswert zu sein, dann kann uns niemand auf dieser Welt beweisen, daß wir liebenswert sind. Diese Glaubenssätze tragen wir wie eine Fahne vor uns her. Alle anderen sehen und spüren es sofort, welche Glaubenssätze wir verkörpern. Nur wir selbst sind vollblind dafür.

Aus eigenem Erleben: Wie die Spinne ums Überleben der Implantate kämpft:

Als meine Therapeutin in einer Gruppenarbeit mir eines meiner mir unbewußten, tief sitzenden Implantate nannte (ich bin, daß ich allein durchkomme), da konnte ich sie plötzlich nicht mehr verstehen. Ich bat sie, mir das noch einmal zu sagen, aber immer, wenn die Therapeutin mir den Satz sagte, machten meine Ohren so einen lauten Lärm von »Prrrrrrrrrrrrr«, als wenn nebenan ein Preßlufthammer die Wand aufbohrt. Als die Therapeutin mir den Satz das 5. Mal sagte und meine Ohren immer noch ganz laut »Prrrrrrrr« machten, die Gruppe sich schon krumm und schief lachte über meine Abwehrmechanismen, bat ich die Therapeutin, mir den Satz doch aufzuschreiben.

Was passierte jetzt? Die Spinne in mir kämpfte so ums Überleben, daß ich plötzlich nicht mehr lesen konnte. Die Buchstaben tanzten vor meinen Augen wild durcheinander und waren in keinem Fall lesbar. Die ganze Gruppe brüllte vor Lachen. Dann bat ich die Gruppe, sie möge mir doch bitte den Satz in die Ohren schreien, damit ich es hören kann. Zwei Gruppenteilnehmer setzten sich links und rechts neben mich und riefen mir laut ins Ohr »Dein Glaubenssatz ist: ›Ich bin, daß ich allein durchkomme‹.« Da zog die Spinne in mir die nächste Trickkarte. Sie ließ mich einfach für ca. 3 Minuten ohnmächtig werden, damit ich den Satz nicht hören konnte.

Als ich wieder zu mir kam, da hatte ich die Therapeutin und 25 Seminarteilnehmer verblüfft, mit welchen Registern unser Super-Ego spielt, damit es die Macht über uns und unsere Implantate nicht verliert.

Solange wir die Spinne (unser Super-Ego) mit ihren negativen Implantaten nicht entmachten, solange hat sie Macht über uns, und wir müssen immer wieder das leben, was wir nicht leben wollen.

Im dualen Denksystem ist die Spinne starr. Sie weiß genau, wie sie antworten muß, um das Implantat zu behalten. Sie weiß jede Menge Rechtfertigungen, Ablenkungsmanöver und Tricks, so daß es oft sehr schwierig ist, diese Glaubensmodelle aufzulösen.

Auf der Ebene der paradoxen oder gar chaotischen Bewußtseinsarbeit verwirren oder verblüffen wir die Spinne und führen sie dabei gekonnt in die Sackgasse des eigenen Denksystems, denn das dual denkende Logo & Ratio kann nicht viel. Es hat drei Bewertungsmuster zur Verfügung: Gut – Böse – Blödsinn.

Durch paradoxe oder chaotische Interventionen wird jetzt das Logo & Ratio so verwirrt (ca. 1 – 2 Minuten), bis es sich der nächst höheren Wahrheit, der paradoxen Wahrheit gegenüber, öffnet. Jetzt passiert ein Phänomen: Die Spinne erkennt die Paradoxie als die über allem stehende Wahrheit an, schmeißt das ernsthafte Glaubensmodell (ich bin, daß ich allein durchkomme) aus dem System hinaus und nimmt gleichzeitig die chaotische (Nonsens) Paradoxie, mit der das Glaubensmodell ad absurdum geführt wurde (ein eifersüchtiger Fußball hat Ostern kein Fieber), als ernsthaftes Glaubensmodell genau an jene Stelle des Unbewußten, wo früher das Problem saß.

Ein Witz für sich

Wenn das passiert, dann erwachen wir mit der Psycho-Chaos-Praxis lachend über das System, das unser Schicksal schreibt. Wir erwachen über das System, wie die Spinne ihre Implantate einspinnt. Auf dieser Ebene des Erwachens sind die Spinne und das System, das uns beherrscht, nicht mehr glaubwürdig. Der höchste Weg der Befreiung »vom Entglauben des Glaubens« beginnt.

Es passiert jetzt sogar noch ein anderes Phänomen: Die Spinne selbst erwacht über das eigene System und erklärt ihr eigenes duales Denksystem zum Nonsens und löst damit alle Rechtfertigungen auf, die das Implantat im Unbewußten einzementiert hatte.

Der Lachvirus ist im System. Das Kartenhaus der Glaubwürdigkeit des Problems stürzt zusammen. Alle Emotionalität, die auf dem Glaubensmodell lag, schüttet sich jetzt im Lachen, oft sogar in stundenlangen Lachschüben, aus.

Hier finden wir unsere Seminarteilnehmer unter Tisch und Stuhl wieder, weil sie sich vor Lachkrämpfen winden über den Nonsens, ihren eigenen Glaubensmodellen zum Opfer gefallen zu sein.

Paradoxe und chaotische Interventionen

Was sind paradoxe Interventionen?

Kommt jemand mit irgendeinem Problem, z. B.: »*Ich kann mit Geld nicht umgehen*«, zum Fachmann oder zur Fachfrau, dann arbeitet die herkömmliche Psychologie mit dem Problem.

Die paradoxe Bewußtseinsarbeit oder Psychologie arbeitet jetzt mit dem Thema: »*Dann zeig mir, wo du mit Geld gut umgehen kannst.*«

Die paradoxe Bewußtseinsarbeit geht davon aus, daß all unsere Probleme paradox sind und daß wir nur blind sind für die andere Hälfte unserer Wahrheit.

Von einem sehr bekannten Psychiater einer geschlossenen Anstalt, der es liebte, paradox zu intervenieren, wird folgende Geschichte erzählt:

Eines Tages kam einer seiner Langzeitpatienten wieder zu ihm zu einer Einzelsitzung. Dieser Patient war felsenfest davon überzeugt, daß er Gott sei. Der Psychiater entschied, ihn diesmal paradox zu intervenieren. Er kniete sich vor seinen Patienten hin, hielt den Schlüssel zur Klinik hoch, so daß der Patient ihn jederzeit erreichen konnte. Dabei sprach der Psychiater: »*Da du Gott bist und ich nur ein kleiner Psychiater, muß ich dich bitten, nimm den Schlüssel zur Freiheit und sperre mich ein in diese geschlossene Anstalt.*«

Nach einer Zeit des Nachdenkens antwortete der Patient: »*Einer von uns beiden muß verrückt sein.*«

Was sind chaotische Interventionen?

Chaotische Interventionen werden nur angewandt, wenn der Klient es ausdrücklich wünscht. Chaotische Interventionen wollen die Spinne verwirren und arbeiten mit Verblüffung.

Auf das Thema: »Ich kann mit Geld nicht richtig umgehen«, könnte der Trainer humorvoll, aber völlig chaotisch antworten: »Schreibst du das mit h oder ohne?«. »Was?« »Geld!«

Die Verblüffung steht im Raum. Der Klient wird angehalten, immer wieder zum Problem zurückzugehen, während der Trainer immer am tiefsten Punkt des Problems ihn mit völlig neuen chaotischen Fragen aus dem Problem herausholt, um ihn zu verblüffen. Z. B: »Kann ich dir mal das Problem ans Bein binden?«

Das Problem wird jetzt mit einem 1.000 Schillingschein ans Bein gebunden.

Wie immer das Spiel weitergehen mag, es ist eine Frage der Lust des Trainers, die Dinge über Chaos und Humor ad absurdum zu führen.

Der Erfolg: Die Spinne verliert den Faden, es kommt oft viel Lachen dabei heraus. Hier bringt Schattenerlösungsarbeit allen Beteiligten viel Spaß.

Vom Trainer wird die hohe Kunst der humorvollen Inspiration und der chaotischen Intervention verlangt. Chaos hat keinen Haltegriff. Jede Antwort des Trainers muß aus der Situationskomik kommen und zum Problem passen.

Die Auflösung des Problems findet auf eine im Denken nicht mehr nachvollziehbare Weise statt.

Andere Formen der chaotischen Interventionen:

Problem: »Ich bin einsam.«
Chaotische Intervention: »*Spring oder frier, du hast ja 3 Eimer.*«
  Der Klient lernt vorher, wie er das Problem mit der chaotischen Intervention im Unbewußten mischen und die Stimme des innerlichen Kommentators hören kann.

Antwort vom innerlichen Kommentator: »Ich will keine Eimer, ich will einsam sein.« Chaotische Intervention: »Spring oder frier, du hast ja 3 Eimer.«

Die Mischung zwischen Problem und chaotischer Intervention ergibt: »O.K.; dann bin ich 3 Eimer einsam.« Neue chaotische Intervention: »Spring oder frier, du hast ja 3 Eimer.«

Antwort des innerlichen Kommentators: »OK, jetzt bin ich gesprungen, da sind ganz viele Leute, die haben viele Eimer« (innerliches Aufatmen – Zeichen der Befreiung). Chaos Intervention: »Spring oder frier, du hast ja 3 Eimer.«

Neue Mischung mit dem Unbewußten ergibt: »Jetzt bin ich nicht mehr einsam, da sind ganz viele Menschen, wie ich, und die haben alle 3 Eimer.«

In der Praxis zieht sich solch eine Sitzung natürlich länger hinaus. Chaotische Intervention haben den Vorteil, daß sie Humor und Lachen auslösen und daß die Spinne das Problem sehr schnell losläßt.

Sehr wirkungsvoll sind doppelte Paradoxien, weil sie für unser Logo & Ratio nicht vorstellbar sind. Dadurch wirken sie wie ein Radiergummi für unseren »mind«.

Z. B. »*Als mich der Apfel aß, hatte er mich nicht geboren.*«

Auch Zen-Koane sind hier äußerst wirkungsvoll:

»*Eine Hand allein ins Blaue klatscht nicht.*«

Die Psycho-Chaos-Praxis – Bingo

BINGO ist das Geistestraining zur Überwindung der Dualität. Wenn AVATARA DEVI mit ihren Meisterschülern das Erreichen dieser Intelligenz im lachenden Lichtbewußtsein übt, dann spielt sie mit ihnen BINGO.

Nicht einmal, nicht zweimal, immer und immer wieder, so lange, bis dieses Bewußtsein in ihren Schülern genauso abrufbar ist wie das Logo- & Ratiobewußtsein.

BINGO ist das Geistestraining
der hellwachen Intuition und Spontanität,
geschöpft aus dem großen Nichts, was alles ist,
ohne nachzudenken.

BINGO ist das Geistestraining, Glaubensmodelle ad absurdum zu führen und im Großen Lachen über sich selbst eine paradoxe Antwort kommen zu lassen, die auf den Punkt trifft. BINGO setzt eine große Energie frei, die dann als Liebe, Glück und Lachen zur Verfügung steht. BINGO ist der Witz der Witze.

Das Logo- & Ratiosystem funktioniert auf einer 2-dimensionalen Ebene von Gut und Böse und ist damit sehr begrenzt in der Wahrnehmung der wirklichen Wirklichkeit. Erst recht in der Wahrnehmung der höheren Existenzen. Das kostet uns das Abgeschnittensein von den höheren Welten der Multidimensionalität des Bewußtseins und die Erfahrung der höheren Welten kosmischer Alliebe und Glückseligkeit.

Der lachende Lichtpfad hat mehrere Ebenen, auf denen er arbeitet. Im BINGO geht es um die Schulung der paradoxen kosmischen Spiritualität. Diese Bewußtseinsebene kann man nicht denken, sie kommt aus dem ES- oder Nicht-Bewußtsein. Zwar ist es möglich, mit dem Logo & Ratio diese Bewußtseinsebene nachzuvollziehen, jedoch fehlen dann die Kraft und die Energie, die wir brauchen, um auf die Ebene des kosmischen Lachens zu kommen.

Bei BINGO geht es zwar auch um die Aussage, viel mehr aber um die Energie, die freigesetzt wird durch die Paradoxie der Antwort. Denn das Ziel von BINGO ist das Erreichen des Großen Kosmischen Lachens.

Ein BINGO ist, sehr simpel ausgedrückt, der Volltreffer, das Kartenhaus der Vorstellungen einstürzen zu lassen.

Trainiert wird hier das Bewußtsein,
nicht zu glauben, was wir glauben.

*BINGO kann man nicht verstehen. Wer BINGO versteht, versteht ihn nicht.
BINGO wird nur von jenen verstanden, die BINGO nicht verstehen.*

Dieses Geistestraining ist etwas Ähnliches wie das Geistestraining der Zen-Koan-Praxis, jedoch auch völlig anders. Lach & ChAos benutzt dieses Spiel besonders gern für die Erlösung aus den emotionalen Anhaftungen an die eigene Wahnvorstellung der Ich-Welt.

BINGO ist das Geistestraining zum genialen Kosmischen Bewußtsein. Ein Meister dieses Bewußtseins stellt eine Frage. Der schon lange trainierte Schüler darf nicht aus der 2-dimensionalen Ebene des Logo- & Ratiobewußtseins antworten, sondern aus der 5-dimensionalen Ebene des lachenden Lichtbewußtseins ohne nachzudenken.

Das heißt, er wurde bereits durch andere Übungen darauf vorbereitet, die Ebene in sich zu kennen, wo ES, das lachende Licht in ihm zu Hause ist.

*Die Prüfung bei BINGO ist:
Wie weit läßt er das ES-Bewußtsein arbeiten,
wie weit stürzt er wieder ins Logo & Ratio
oder in die anhaftende Emotionalität der Psyche?*

Ein BINGO setzt immer totale Verblüffung frei. Und wenn sich die Gruppe und er dabei krumm und schief lachen, dann war es ein BINGO. Falls du jetzt aber doch verstehen willst, was BINGO ist, dann haben wir hier einen verständlichen Satz für dich:

»BINGO ist das Gegenteil vom Eigentor.«

Bingo – live

In einem Seminar übte AVATARA DEVI mit ihren Schülern einfache BINGOS. Einfache BINGOS sind Arbeiten an unpersönlichen Glaubensmodellen.

Weitaus schwieriger ist das BINGO-Training für Meisterschüler. Besonders wenn sie emotionale Verletzungen reinigen sollen. Hier geht es um den Test, wie weit der Schüler sattelfest ist, nicht zu glauben, was er glaubt, besonders wenn es um die Welt der eigenen inneren Verletzungen geht. Denn ist er im dreitägigen Lachen der Erwachten, dann stürzt er am ehesten über die unbearbeiteten Verletzungen. Diese Arbeit ist die schwerste, aber auch wichtigste Arbeit der geistigen Reinigung, um sich im lachenden Nichtbewußtsein irgendwann einmal drei Tage nonstop aufhalten zu können. Diese Arbeit geht mit viel Humor und kosmischem Witz einher und setzt viel Lebensenergie frei. BINGO arbeitet mit und ohne Aufarbeitung von Verletzungen. Jedoch ist die Aufarbeitung von Verletzungen die wertvollste.

AVATARA DEVI wirft Glaubensmodell für Glaubensmodell in die Luft, auch herkömmliche Fragen des Logo & Ratio, und die Schüler mußten sie im einfachen BINGO ad absurdum führen.

Mal trifft die Gruppe den BINGO, mal nicht.

»O.K., noch einmal,« sagt AVATARA DEVI, »macht euch ganz leer, ganz frei, geht da hin, wo ihr euer inneres Lachen habt. Und von dort laßt ES die Antwort finden.«

Die Gruppenenergie ist sehr leicht und hell. Plötzlich und unerwartet zeigt AVATARA DEVI auf ihre Meisterschülerin Claudia und sagt: »Du alte Kuh!« – (mind-crash)

Schock – die Energie im Gruppenraum ist Schock.

In Sekundenschnelle geht Claudia, die Meisterschülerin, durch das Labyrinth der geistigen Verwirrung. Sie hatte bereits gelernt: das sind die Momente, das sind sie. Laß los von allem, was jetzt in dir abläuft. Laß das Kartenhaus der Verletztheit jetzt in dir zusammenbrechen, es ist sowieso nur Blödsinn des Geistes.

Erheb' dich jetzt über diesen Schock in das lachende Lichtbewußtsein.
Laß ES die Antwort finden, nicht du.

Und wie sie so in ihrem Verdattertsein losläßt, schmeißt ES sie auf die Knie und ES kugelt sich mit ihr lachend durch den Gruppenraum, und all ihr Leiden, das auf Verletzungen dieser Art in ihr gespeichert war, schüttete sich ihr jetzt im Lachkrampf aus, denn ES hat in ihr den doublebind-Witz dazu gefunden. Nach ca. 20 Minuten Lachkrampf ist sie in der Lage, unter Lachen zu antworten:

»Kuh oder nicht Kuh«
und dabei kugelt sie sich wieder den Teppich hoch und runter vor Lachen und spielt mit den Füßen und den Händen. Dann sieht sie einen Faden, hebt in hoch und AVATARA DEVI vor das Gesicht und prustete lachend:

»Ich hab nur einen Faden,
den Kuhfaden.«
BINGO!
Spitze!

Diese Antwort ist jenseits von Vorstellung, jenseits von anhaftender Emotionalität ehemaliger Verletztheit, jenseits von Ernsthaftigkeit, jenseits von Logo & Ratio.

BINGO!

AVATARA DEVI sucht weiter nach Claudias unbewußten Verletzungen.

Claudia ist immer fleißig und arbeitsam. Dabei ist sie bereit, sich unsagbar zu quälen. Sie nimmt sich nicht eine Stunde am Tag frei, aber doch einen Tag im Monat. Und dann hat sie bereits ein schlechtes Gewissen, sie wäre faul. Dabei sieht sie schon aus wie Buttermilch und Spucke. Ein herrliches Narrenspiel mit sich selbst, wenn man das von außen sieht.

»*Claudia, du nimmst dir nie Zeit für dich. Du gehst schlecht mit dir um.*« Claudia ist verblüfft, getroffen: »*Wieso*?«

Aber dann brüllt sie vor Lachen, ob der neuen Erkenntnis im lachenden Licht:

»*Masochismus ist doch auch eine Form sich auszuruhen!*«
PSYCHO-BINGO

Die Gruppe applaudiert:
»*BINGO!*
Claudia, Spitze! Weiter, bleib oben!«

Claudia war wirklich toll. Ein Paradestück von Meisterschüler. Es ging nun schon die sechste Stunde im BINGO. Claudia war umwerfend.

Die Gruppe feuerte Claudia an: »Bleib dran, du bist Spitze!«

Und mit Claudia bog sich die Gruppe im Lachen und roch auch das erste Mal die hohe Intelligenz des genialen, lachenden Kosmischen Bewußtseins.

Irgendwann erzählte AVATARA DEVI der Gruppe, daß Claudia schon einmal sechs Stunden im Nonstop-BINGO-Bewußtsein war. Während AVATARA DEVI dies erzählte, erinnerte sich Claudia, was damals passierte, und dabei schrumpfte sie immer mehr zum Schatten ihrer Peinlichkeit zusammen.

»Soll ich euch mal erzählen,« sagt AVATARA DEVI lachend, »was Claudia damals mit mir gemacht hat? Sie provozierte meine Lieblingsgruppe zu einem Machtkampf gegen mich ...!« Und dann steht AVATARA DEVI auf und erzählt mit großem Pathos:

»Stellt euch das mal vor …! Ein Schüler wagt es, gegen den Meister aufzustehen! Gegen mich, den Meister …!« (lautes langes Lachen der Gruppe)

Dabei überschlägt sich AVATARA DEVI in einer entrüsteten Theatralik und hebt den Finger 'gen Himmel, wie nur Gott die Menschen im Drama von Sodom und Gomorrha verwiesen haben kann:

»Sie wagt es, gegen mich aufzustehen! Das geht zu weit! … Ich schmeiß sie rrrrraus!

Und ich stand damals auf und brüllte in meiner Wut … Dabei holt AVATARA DEVI tief Luft für den nächsten Satz …

… doch da hatte Claudia ihre Peinlichkeit im Witz über sich selbst überwunden und kam ihr laut lachend zuvor:

»Jawohl! Da standest du auf und brülltest in deiner Wut:

Marmelade für alle.
Doublebind-BINGO

Die Gruppe brüllte voller Begeisterung und Faszination:

»! BINGO ! Weiter AVATARA DEVI, weiter Claudia!«

Es war bereits die siebente Stunde vergangen, und jeder wußte, wenn Claudia es schafft, noch eine Stunde darin zu bleiben, dann darf sie die Krone des Hauses für eine Stunde tragen. Dann hat sie die große Vorprüfung zur Meisterschaft über sich selbst geschafft. Denn, wer zehn Stunden im BINGO-Bewußtsein bleibt, dem kann sich innerlich ein Tor öffnen hoch zur Karmalöschung ins geniale Kosmische Bewußtsein. Und ES lacht sich dann drei Tage durch diesen neuen Kanal des Lichtes frei.

Alle geben Claudia volle Energie: »Spitze Claudia, weiter, du schaffst es!«

Da kam AVATARA DEVI auf eine Idee und sagte locker-flockig: »Ok, es riecht nach Meisterprüfung. Du bist wirklich gut. Aber bring mal was Eigenes. Was du bisher gesagt hast, hast du alles von mir.«

Im selben Moment stürzt Claudia in ihr Kleinheitsgefühl. AVATARA DEVI denkt noch flehend: »Claudia, Claudia, bitte bleib oben. Glaub' das nicht. Du weißt doch, jeder Glaube ist Blödsinn.« Doch Claudia denkt: »Stimmt, hab ich alles von AVATARA DEVI gelernt.« Sturz in den Glauben ... Amen. Ende. Aus. Finito ...

Und wenn du wissen willst, wie eine Inkarnation passiert:
GENAU SO
Der Sturz in den Glauben.

Und darum üben wir BINGO.

Und die Moral von der Geschichte:

Solange wir noch glauben, was unser Kopf und unsere Gefühle uns vorgaukeln, solange sind wir Gefangene im eigenen Käfig und laufen von Inkarnation zu Inkarnation unseren Vorstellungen hinterher.

Jeder Glaube – damit sind alle Arten der Gedanken und Gefühle gemeint – unterliegen dem Narrenspiel der selbsterfüllenden Prophezeiung.

Wenn wir die Botschaft des Heiligen Kosmischen Narren »Glaubt nicht, was ihr glaubt« sehr tief verstanden haben, dann kommen wir aus dem Spiel der ewigen Inkarnation auf einem Leidensplaneten heraus.

Wenn du dann oben im Himmel bist und wieder daran glaubst, daß du unten auf Erden dich noch rächen mußt, irgend etwas wieder gutzumachen hast oder noch jemandem helfen mußt, dann bist du eben wieder auf deinen Glauben hereingefallen, und ein neues Leben mit Freude und Leid beginnt.

Du hättest aber auch dir nicht glauben können, dann wärest du jetzt noch oben im Paradies, wo es kein Leiden gibt.
Jeder Glaube bringt uns zurück in die Inkarnation, es sei denn, wir haben gelernt, keinen Glauben mehr zuzulassen, jeden Glauben als Kosmischen Witz zu sehen und darüber zu lachen.

Der spirituelle Aspekt des lachenden Lichtpfades

(Nur für Engel und solche, die es werden wollen)

Erforschung der Reinkarnationskette des Ego

Diese Selbsteroberungsarbeit und Forschung nach dem Sinn des Daseins gehört zu den faszinierendsten Eroberungen auf dem Weg zu sich selbst. Wer sich selbst sucht, findet über Reinkarnation große Puzzle-Teile von sich selbst. Darum legt Lach & ChAos Wert auf die Selbstfindung über Reinkarnationsarbeiten. Auch offenbaren sich hier sehr tief sitzende Glaubensmodelle oder Gesetzmäßigkeiten des Karmas, die weit über ein Leben hinausreichen. Niemand kann Schicksal verstehen. Wer aber doch Schicksal verstehen lernen will, für den ist das Studium seiner eigenen Reinkarnationskette ein unbedingtes Muß auf dem Weg zur seelischen Höherentwicklung.

Die ewige Frage in allen Seminaren und Vorträgen:
GIBT ES REINKARNATION, JA ODER NEIN?

Aufgrund meiner langjährigen Erfahrung als Trainerin für neues Bewußtsein war ich Zeugin von unzähligen Reinkarnationsarbeiten, und ich kenne ca. 30 meiner eigenen Vorleben.

Ich war dabei, wo Seminarteilnehmer plötzlich andere Sprachen sprachen oder hebräische Schriftzeichen malten, die sie nicht kennen konnten, die so aneinander gesetzt aber einen genauen Wortlaut und Sinn zur Arbeit ergaben. Alles sehr glaubwürdig.

Auch habe ich schon einige Jesus Christi vom Kreuz geholt, etliche Napoleons auf der Matte gehabt, von den vielen Pharaonen und Jeanne d'Arc will ich gar nicht erst reden. Also was ist da los?

Ich experimentierte mit meinen Ausbildungsgruppen und sagte: »Vielleicht ist es ja so, daß alle Mythen und Archetypen in uns leben und daß wir ein Bewußtsein im Verborgenen darüber haben.«

»Alle auf die Matte und in Trance, ihr ward alle Napoleon.«

Von ca. 25 Teilnehmern konnte die Hälfte sich selbst als Napoleon erleben. Ja, sie brachten Wahrheiten zu Tage, die wir später erst beim Nachlesen bestätigt bekamen, vorher aber nicht wußten.

Es war ein spannendes Experiment. Gibt es jetzt Reinkarnationen, ja oder nein?

Das Christentum verneint die Reinkarnationslehre. Der Islam sagt auch nein. Der Hinduismus sagt, daß es das Rad der Ewigkeit gibt, die Seele also ewig besteht und sich damit niemals auflösen kann in ihrer Erscheinungsform. Jedoch die Form der Reinkarnation, wie sie der Buddhismus versteht, kennt der Hinduismus nicht.

Der Buddhismus, die höchste Form der Religionsphilosophie, sagt »Ja«. Unter genauer Erklärung, welcher Anteil des Ego wieder inkarniert und welche Anteile des Ego nach dem Tod wieder ins Kollektiv zurückgehen. Der Buddha lehrt, sehr simpel ausgedrückt: So wie du heute nicht mehr der Dreijährige bist, der du einmal warst, und doch noch alle Informationen darüber hast, gibt es niemanden, der so neu geboren wird wie er starb. Jedoch hat das neu inkarnierte Bewußtsein noch alle Informationen der letzten Inkarnation und der Inkarnationskette.

Was da neu inkarniert, ist der Wille und die Anhaftung an alte Emotionalität und Glaubensvorstellungen. Andere Teile des Ego lösen sich nach dem Tod auf und gehen ins Kollektiv zurück. Auch ist es möglich, bei schwerem, negativem Bewußtsein in die entsprechenden Höllenwelten zu stürzen (Höllenwelt der Gier, der sexuellen Abhängigkeit, der Brutalität und Kälte, der heißen Hölle der Wut und Rache).

Nach unserer Philosophie sieht das so aus:
Es gibt sie.
Es gibt sie nicht.
Man kann weder sagen, es gibt sie,
noch kann man sagen, es gibt sie nicht.
So ist ES.

Ist ES, das Göttliche Bewußtsein, noch gebunden an Raum und Zeit, also noch im Bewußtseinszustand des Ego, dann gibt es sie. Ist ES nicht mehr gebunden in Raum und Zeit, dann gibt es sie nicht.

Die Reinkarnationstherapeuten arbeiten mit einer Trance-Technik der Tiefenentspannung, nach dem einfachen Modell des Autogenen Trainings. Es ist verblüffend leicht, an die Informationen der im Unbewußten gespeicherten Reinkarnationskette heranzukommen. Trance ist nichts anderes als: Kannst du dir vorstellen, wie das im letzten Urlaub war? Laß jetzt ein Bild in deiner inneren Vorstellung kommen.

Da wir gestürztes Bewußtsein in Raum und Zeit sind, sind wir gesplittet in die Vorstellung von Vergangenheit, Zukunft und Gegenwart. Außerdem sind wir gesplittet in die Vorstellung von »ich« und »die anderen«, dazu kommt noch das gesplittete Bewußtsein von Gut und Böse. Diese gesplitteten Bewußtseinsanteile müssen wieder in die Einheit des Geistes gebracht werden, um die Wiedereinswerdung mit sich selbst zu erreichen. Eine Technik dazu ist Reinkarnation. Sind wir in der Dimension von Raum und Zeit, dann sind wir auch dem Werdegang der Wiedergeburt unterlegen. Sogar der ewigen Wiedergeburt des Bewußtseins. Bis wir die 1. Stufe der Erleuchtung des Geistes erreicht haben.

Woher kommen dann die unzähligen Pharaonen, Jeanne d'Arcs, Napoleons und Christi?

Sie sind Mythen, und Mythen leben die Glaubensmodelle einer Epoche. Sie sind die Summe der Glaubensmodelle der Epoche, und das ist eine karmische Erbschaft, die uns aufgrund der Allintelligenz mitgegeben wurde.

Jeder hängt hier noch am Leidenskreuz. Läuft jemand die Reinkarnation, daß er am Kreuz hängt und sich für Christus hält, dann ist das ein Symbol. Es darf auf keinen Fall als ernsthafte Reinkarnation genommen werden, sondern als Symbol für die Auferstehung dieser (in Raum und Zeit) gekreuzigten Seele.

Die vielen Pharao-Reinkarnationen, die zur Zeit auf dieser Erde laufen, dürfen so verstanden werden, daß das Überbewußtsein den Mythos Pharao nimmt, um dem Ego, dem noch schlafenden Bewußtsein, die Botschaft zu überbringen:

»Öffne dich, finde das Göttliche in dir, denn ich, als der Mythos Pharao, durch den ich zu dir sprechen kann, will mich dir offenbaren als einer der Einfachsten hier auf Erden, zur Erlösung vieler. Dir gebe ich die Gnade, mir dienen zu können als Kanal, wenn du all meine Gesetze studierst und die Reinigung deines Ego vorgenommen hast.«

Erfährt jemand durch Reinkarnation sich selbst als Pharao,
dann zeigt sich damit, daß der- oder diejenige
auf dem Weg der höheren Einweihung
vom kleinen Ich zum engelhaften Selbst,
von dort zum kosmischen Erwachen, ins Göttliche ES ist. Jemand
anders kann diese Botschaft nicht bekommen.

Aber tatsächlich sind zur Zeit sehr viele hohe spirituelle Seelen inkarniert, die alle mit Anfassen an dem Unternehmen Erlösung, damit der Plan Gottes geschehen kann:

»Es werde mehr Licht im Bewußtsein vieler Menschen«

Wir von LACH & CHAOS glauben, daß viele Pharaonen, viele große Heilige und Bodhisattvas jetzt inkarniert sind. Da jetzt der Plan Gottes läuft zur Erlösung der Menschen, die erlöst werden wollen und dürfen, nach vielleicht 5.000 oder 10.000 Jahren Inkarnations- und Leidenszeit hier auf dem Schulungsplaneten Erde.

Wie kann man denn nun herausbekommen, ob die Pharaoinkarnation, die man sah, echt ist oder nicht?

Frag' erst gar nicht. Es fördert nur den Größenwahn und Eigendünkel. Ein Zeichen für die Echtheit könnte sein, daß es dem, der gerade diese Inkarnation erlebte, sehr peinlich ist. Oder daß sie für ihn nicht mehr Bedeutung hat wie: Ich habe dir die Socken gewaschen, soll ich sie dir in den Schrank legen?

Das Göttliche hat keine Bedeutung
(wohl aber höchsten Wert).

Ist jemand sehr wichtig und brüstet sich damit, dann melde berechtigte Zweifel an, besonders, wenn derjenige sonst auch noch nach Überheblichkeit oder Größenwahn riecht.

So steht für den Reinkarnationstherapeuten nicht die Reinkarnation als Wert im Vordergrund, sondern die Aussage der Geschichte und die Glaubensmodelle, die darauf liegen, zur Löschung alter Traumata. Und zum Erkennen der Gesetzmäßigkeit, in denen das Ego sich selbst gefangen hält.

Reinkarnationsarbeiten müssen am Ende immer transformiert werden. Allein die Bewußtwerdung ist noch keine Löschung. Es geht für die, die Befreiung erlangen wollen, um Löschung des Bewußtseins und um Transformation in höhere Bereiche der Wahrnehmung und des Glaubens. Am Ende jeder Reinkarnationsarbeit hängt Lach & ChAos ein Reframing nach NLP an. Das heißt, das negative Bewußtsein wird in positives Bewußtsein transformiert. Jede Reinkarnationsarbeit erzählt uns in einer Geschichte sehr viel über das jetzige Leben. Manchmal erscheint es, als wenn die Seelen, die jetzt den Weg der endgültigen Erlösung gehen, alle Leben noch einmal leben. Als wenn Teile dieses Lebens die Wiederspiegelung eines ganzen vorherigen Lebens wären.

*Reinkarnationsarbeiten eröffnen Einschau
in das Leben nach dem Tod
und in die Gründe der neuen Wiedergeburt.*

Auf dem Weg, ein Wissender zu werden, ist das eine höchst informative Philosophie vom Sinn und Unsinn des Lebens und der Glaubensmodelle, denen wir alle anhaften.

Reinkarnation »Hexe«
Hier ein verkürzter Mitschnitt einer Reinkarnations-Einzelsitzung, Aufarbeitungen alter Traumata:
K = *Klient*   T = *Trainer*

K Ich bin in einem Dorf oder so, ich gehe eine mit Pflastersteinen belegte Straße runter. Ich gehe auf eine Mauer zu ... Natursteine ...

hoch, ca. 2m hoch ... Ich muß immer auf den Boden schauen ... da liegt etwas ... aber ich kann es nicht erkennen.

T Schau genauer hin.

K Asche ... (weint) ... da ist Asche ... (weint noch mehr) ... plötzlich liegt da so etwas wie ein Beerdingungskranz ... (Pause) ... Da muß etwas Schreckliches passiert sein ... etwas ganz Schreckliches ... aber ich weiß nicht was.

T Schau weiter. Es ist etwas Schreckliches passiert.

K Ja, ich bin nicht mehr im Körper ... irgendwie Licht. Da neben der Mauer sitzt jemand und hat den Kopf in die Hände gelegt. Ich glaube, er ist verzweifelt. Ich habe ein ganz warmherziges Gefühl zu ihm ... gehe zu ihm hin ... (schluchzt) ... ich kniee vor ihm ... versuche seine Hände zu greifen ... geht nicht.
Ruft weinend: »Das kann doch nicht wahr sein. Das kann doch nicht wahr sein!« (weint bitterlich) ...
Das kannst du doch nicht gewesen sein, du doch nicht, ich lieb dich doch! Das kannst du doch nicht gewesen sein, ich lieb dich doch, oh ... (weint ganz bitterlich).
(Dann mit nüchterner Stimme weiter) ... Da ist etwas ganz Schreckliches passiert, aber ich weiß nicht was ...
... Pause ... Ich sehe, wie ich mit diesem Mann in die Kirche gehe ... Ich bin seine Braut ... Wir heiraten ... Ich habe so etwas wie eine Tracht an, er auch ... Dann sind wir dort wo wir wohnen. Sehr niedrige Wände ... einfach alles ... auch etwas ärmlich. Es muß Mittelalter sein ... Ich sehe den Herd ... Ich mache Feuer an.
Irgendetwas stimmt da nicht ... ich sehe 2 Räume ... ach ja ... wir leben mit seinen Eltern zusammen in zwei Räumen. Jetzt sehe ich seinen Vater ... dunkle Hose ... haßerfüllte Augen sehen mich an ... er haßt mich ... Oh Gott, er haßt mich ... (weint) ... Es geht mir nicht gut dort. Sein Vater steht vor mir und sagt: »Hexe« ... Er ist voller Haß. Jetzt spüre ich, wie ich das Vertrauen zu meinem Mann verliere ... Er hört auf seine Eltern, ist unsicher ... Er liebt mich auch,

aber seine Eltern ... sie sind stärker. Er weiß nicht, wem er glauben soll ... Er ist zerrissen ... Sein Vater sagt: »Sie ist eine Hexe« ... Jetzt sitze ich da und lege mir die Karten, wie es weitergehen soll ... (Pause) ...

T Schau hin, wie geht es weiter?

K Ich werde abgeführt ... gehe einen langen Gang entlang ... wie zu einem Kerker ... zwei Männer schubsen mich, die Tür geht auf, ich werde in den Raum gestoßen ... kaltes Gewölbe ... Sie ketten mich an ... Arme nach oben ... (weint)
Ich weiß nicht, was ich getan habe... Was habe ich getan? – Ich weiß nicht warum... Warum denn bloß? ... (weint, schluchzt) Warum? – Warum? – Warum? – Warum? – Waruuuum? – Warum denn bloß?

T Schau weiter.

K Sie kommen und schlagen mich mit Stöcken ... An den Enden der Stöcke sind Nadeln. Sie stoßen damit ins Fleisch ... Au, au ... au (schreit die Schmerzen hinaus).
Was hab ich denn getan, warum, warum, warum, warum denn bloß? (weint) ... Meine Hände, meine Hände, so, so ... (zeigt total verkrüppelte Hände) ... sehen sie aus ... sie haben alle Knochen kaputtgeschlagen, alle Knochen gebrochen ... Die Hände, die Hände ... (weint stärker) ... Was hab ich denn getan?
Sie schlagen auf mich ein, immer wieder, immer wieder bis ich ohnmächtig werde, dann verlassen sie den Raum ... (weint) ... (Pause) ... Ich kann aus dem Fenster sehen ... Sie bauen einen Scheiterhaufen auf, einen Scheiterhaufen ...

T Wie geht es weiter?

K Ich sehe nichts mehr ... ich möchte aufhören.

T Du möchtest aufhören – und wie geht's weiter?

K Da, sie bauen einen Scheiterhaufen auf, ganz groß, da an der Mauer ... Sie schlagen die Trommeln ... Viele Menschen sind da ... Oh Gott, sie schlagen die Trommeln ... die Trommeln kommen ... die Trommeln kommen ... (Pause) ... Ich sehe nichts mehr, ich möchte aufhören. Ich liege hier auf der Decke, ich kann nichts mehr sehen. Alles schwarz!

T Du siehst nichts mehr, möchtest aufhören, liegst auf der Decke, die Trommeln kommen, die Trommeln kommen. – Wie geht's weiter?

K Ich sehe nichts mehr, es geht nicht weiter ... alles schwarz ... nur schwarz.

T Okay, du kannst dir alles von oben ansehen. Schaust einfach zu, was geschieht.

K Ja, da steht eine Frau auf dem Scheiterhaufen, sie ist an ein Kreuz gebunden. Im Namen der Kirche, im Namen der Kirche, im Namen der Kirche, oh Gott, im Namen der Liebe angebunden auf einem Scheiterhaufen! Sie ist sehr zerschunden ... Das Gesicht ist ganz dick und aufgequollen ... Sie müssen ihr übel mitgespielt haben. Oh Gott, haben sie die Frau geschunden (weint) ... total kaputt gehauen, total kaputt (weint bitterlich) ...
Ich sehe noch etwas. Da sind zwölf Lichtwesen, die warten. Sie wollen die Frau abholen, wenn es überstanden ist. Die Frau kann sie aber nicht sehen, weiß nichts davon.

T Fühl einmal, was ist mit deinen Händen?

K (Ein Schrei aus tiefster Seelenschicht) Ich ... ich, oh ... oh ... oh ... (schreit) ich ... (weint) ... oh Gott ... ich ... ich ... (weint stärker) ... I c h steh da auf dem Scheiterhaufen ... das bin ja i c h ! Ich bin da angebunden. (Pause) ... (ca. 15 Minuten Schreie und Weinkrämpfe) Was hab ich denn gemacht? – Ich weiß doch nicht warum ... (weint)   Ich weiß doch nicht warum. – Warum denn bloß? – Warum? Warum?

Wie passiert eine Inkarnation?

*Es könnte so sein: Du bist oben im Himmel
und schaust in den großen kosmischen Spiegel.*

*Das ist ungefähr so,
als wenn du hier unten in den Fernsehapparat schaust.*

*Plötzlich siehst du da auf irgend einem Planeten,
fernab deiner Welt,* **diese alte Schrulle.**
*Ist zwar 143 Inkarnationen her,
aber egal, die Ziege, das Biest,
so billig kommt die mir nicht davon,
die Schraube.*

*Nur weil ich erleuchtet und im Paradies bin,
soll die nicht bestraft werden,
das ist ja die Höhe, das könnte ihr so passen,*
dieser Kanaille!

*Lieber beiß ich mich ins Knie
und aus der Erleuchtung wieder heraus,
runter in die Inkarnation,
Rache fahren.*

*So stehst du dann vor dem Schöpfer
als Antragsteller und reichst deinen Antrag ein,
neu inkarnieren zu dürfen.*

»Och, bleib doch hier oben, ist doch so schön hier,«
sagen die Engel, die Seraphim und Cherubimen.
»Nein, ich muß der noch was heimzahlen.«
»Ist doch so schön hier, und wir haben dich doch alle so lieb. Bleib doch hier.«
»Nein, das Luder, das Verdammte,

das spielt schon wieder so ein Spiel.«
»Och«, sagen die Engel, »bleib doch hier.
*Schau doch, wie schön es hier ist,
und wir wollen doch mit dir spielen, singen und glücklich sein!«*
»Nein, das geht nicht!«

*Bei soviel Ernsthaftigkeit schreitet der Chef selbst ein.
Er unterschreibt den Antrag* – **Inkarnation genehmigt**

*und plumps machst du,
und – bähhh – im Krankenhaus –
und spielst weitere sechzig bis achtzig Jahre:
wichtig, wichtig, wichtig!*

*Bis du eines Tages nach vielen, vielen Inkarnationen
von Rache zu Rache solange gefahren bist,
bis du das Spiel zu dusselig findest.*

*Dann beschließt du, erleuchtet zu werden
und widmest wieder viele, viele Inkarnationen
der Erleuchtung des Geistes.
Dann kommt eines Tages der Punkt und du bist wieder oben.*

*Sei vorsichtig,
wenn du jetzt wieder durch den großen kosmischen Fernsehapparat
schaust,
könnte da eine kleine,
nicht zu Ende geliebte Geliebte im kosmischen Drama
auf irgend einem Planeten sein,
die gerade weint,
weil sie so allein ist.*

*Sei vorsichtig!
Schau nicht so lange hin,
der Chef zeichnet jeden Antrag ab!*

Wohin gehe ich nach meinem Tod?

Auf unserer Wanderschaft zu uns selbst sollten wir uns 4 Fragen stellen und ihre Beantwortung suchen:

- Wer bin ich?
- Wo komme ich her?
- Wo gehe ich hin?
- Wie erlange ich meine Erleuchtung des Geistes (das Große Kosmische Lachen).

Zur Beantwortung von FRAGE 1 brauchen wir vielleicht 20 Jahre, vielleicht noch mehr. Es gibt nicht eine Antwort darauf, sondern es ist das Suchen und Finden von vielen Puzzle-Teilen des eigenen Selbst.

Die Beantwortung der ZWEITEN FRAGE geht wesentlich leichter. Wenn du ca. 15 bis 20 Reinkarnationseinzelsitzungen hast, dann geht dir schon ein großes Stück deiner Vergangenheit und deren Auswirkungen auf das heutige Leben auf.

Die Beantwortung der DRITTEN FRAGE ist im Hier und Jetzt von großer Wichtigkeit. Wenn wir ausgebildet wurden, richtig zu sterben, dann können wir mit dem Tod noch einmal einen großen Quantensprung im Bewußtsein und sogar in die Kosmischen Himmelwelten erreichen. Von dort müssen wir nicht auf der Erde, also auf einem Halbhöllenplaneten wieder neu geboren werden. Auch ist es möglich, sogar in den höheren Himmelwelten zu erwachen.

Da es im Universum vier untere Himmelsdimensionen, die heiligen Himmelwelten, 3 höhere Himmelsdimensionen, die kosmischen Himmelwelten und 2 höchste Himmelsdimensionen – die göttlichen – gibt, ist es sehr zu empfehlen, schon jetzt zu entscheiden, in welchen Himmelwelten wir nach unserem Tod erwachen wollen.

Erwachen wir nach unserem Tod in den heiligen Himmelwelten, dann ist es dort so schön, daß wir glauben, wir wären schon in den höchsten Himmelwelten. Es geht uns dort so gut, daß wir wahrscheinlich keine Weiterentwicklung der Seele anstreben. Denn, das wissen wir ja, daß wir nur dann nach neuen Ufern und Wegen suchen, wenn es uns nicht gut geht und wir vor einer Grenze stehen.

Die heiligen Himmelwelten haben den Nachteil, daß es noch duale Welten sind. Streben wir von dort aus keine Höherentwicklung der Seele an, dann sind wir, sobald wir unseren Lichtkörper in den höheren Welten verbraucht haben, wieder in der Inkarnation auf der Erde.

Wir empfehlen, um jeden Preis den Sprung in die Kosmischen Himmelwelten anzustreben. Schaffen wir den Sprung mit dem Tod in die Kosmischen Himmelsphären, dann erwachen wir nach unserem Tod in der Jubelsphäre der Kosmischen Mutter, oder im Devachan, dem Buddhaland der grenzenlosen Freude. Hier hebt sich Dualität auf. In diesen Sphären ist der Kosmische Witz zu Hause. Alle Kommunikation findet im Witz über uns selbst statt. Bösartigkeit und Negativität ist in diesem Bereich der Himmelwelten nicht mehr vorstellbar und damit nicht kreierbar.

Unseren Inkarnationen auf einem Halbhöllenplaneten sind für Äonen Grenzen gesetzt. Es sei denn, wir gehen aus Liebe zu den Menschen als Bodhisattva oder als Avatar wieder herunter auf die Erde, um eine göttliche Botschaft oder eine göttliche Aufgabe zu übernehmen.

Rufen wir nach dem Tod die Große Göttin der höchsten göttlichen Himmelwelten an, dann ist es möglich, daß die Große Mutter uns sogar bis in die höchsten Himmelwelten mitnimmt.

Die Bedingung jedoch ist, daß wir leicht sind wie eine Feder, und das sind nur wenige, wenn sie aus der Sphäre von Freude und Leid hochkommen.

Die Kosmische Mutter und die Große Göttin sind ein und dieselbe geistige Wesenheit. Als Kosmische Mutter lebt sie in der Jubelsphäre, als Göttliche Mutter in den höchsten göttlichen Himmelswelten.

Auch erscheinen uns nach dem Tod viele verschiedene Lichter, Tore zu den verschiedenen Himmel- und Höllenwelten. Wenn wir nicht wissen, durch welches Licht wir zu gehen haben, dann können wir mit dem Tod verhängnisvolle Fehler machen und durch das falsche Tor gehen.

Im schlimmsten Fall kann das bedeuten, daß wir, nur weil wir durch das falsche Tor gegangen sind, in Halbhöllenwelten, wie der Erde, oder gar in totalen Höllenwelten wieder erwachen.

Wissen wir dagegen, durch welches Tor und damit durch welches Licht wir zu gehen haben, dann erwachen wir in höheren Welten wieder. Dann kann sich viel Karma mit dem richtigen Tod und dem richtigen Durchgang durch das richtige Tor erledigen. Zu diesem Thema empfehlen wir das Lesen des tibetischen oder ägyptischen Totenbuches.

Der Dalai Lama sagt, er übt seinen Sterbevorgang täglich sieben mal. Wenn so eine hohe Inkarnation, ein Gottkönig, ein Eingeweihter höchsten Wissens, es für so wichtig hält, das sieben mal pro Tag zu üben, wieviel mehr müssen wir es üben, damit unser Unbewußtes es im Automatismus nach dem Tod tut.

Mit unserem Tod entscheidet sich die Wiedergeburt in höheren oder niederen Welten.

Wir können ein tugendhaftes Leben geführt haben, und uns steht die Wiedergeburt in höheren Welten zu, machen wir aber Fehler beim Übergang, dann können wir trotzdem stürzen.

Auf der anderen Seite steht dagegen: Haben wir den Einweihungsprozeß des richtigen Sterbens durchlaufen und üben wir ihn immer wieder, dann können wir mit dem Tod allein dadurch, daß wir durch das richtige Tor gehen, in höheren Himmelwelten wieder erwachen. Damit fällt durch die richtige Entscheidung am Tor unser ganzes duales Karma von uns ab.

Rufen wir jetzt schon, vor dem Tod und besonders nach dem Sterbeprozeß, die Kosmische Mutter oder ihre Vertreter, die Mahaavatare, an, so ist es möglich, mit dem Tod das Große Kosmische Lachen zu erreichen, und wir werden in der Jubelsphäre wiedergeboren, im lachenden Erwachen über uns selbst, und das Narrenspiel der Dualität – und damit das Leiden – hat damit ein Ende.

Damit löscht sich unser Erdenkarma, und unsere Kosmische Geburt findet statt. Es ist viel leichter, mit dem Tod diese lachende Erleuchtung zu erlangen, als zu Lebzeiten auf Erden, weil wir zu Lebzeiten viel Erdenschwere mit uns tragen.

Wollen wir in dieser Sphäre wieder erwachen, dann müssen wir vorher den Weg des Paradoxons gegangen sein, da die Kosmische Jubelsphäre die Sphäre der paradoxen Wahrheit ist.

> *Seminare für Einweihungen in den Sterbeprozeß*
> *zu besuchen, ist von äußerster Wichtigkeit.*
> *Noch wichtiger als alle Transformationen.*

Da wir nicht wissen, wann uns Gott zurückruft, ist es wichtig, jetzt schon diese Seminare zu besuchen, um den Sterbevorgang mit dem Lächeln des TAO und mit Freude immer wieder zu üben.

Diese Workshops gibt es außer bei »LACH & CHAOS« auch noch im Tibetischen Buddhismus.

Die Mutter der Welt

Die vergessene Gottmutter

Als Atlantis unterging, verhüllte die **Mutter der Welt** ihr Antlitz und bat, ihren Namen solange nicht mehr auszusprechen, bis eine neue Gestirnskonstellation kommt. Diese Gestirnskonstellation ist jetzt, im Wassermannzeitalter, auf Erden. Sie, die vergessene Gottmutter, ist die Offenbarung des Lichtzeitalters. Sie ist die **Göttin des Lichtes**, der bedingungslosen Alliebe und der Gnade, auf die wir viele Leben gewartet haben.

Sie, die **Mutter der Welt**, ist das Alpha und Omega der Schöpfung. Man nennt sie auch die Urseele oder die Weltenseele. Sie, die Weltenseele, ist bipolar. Also Gottmutter und Gottvater in einem, männlich und weiblich zugleich. Aus ihr gebar sich das ganze Universum.

Das Wissen von der Mutterseele alles Seienden ist uraltes Wissen und überhaupt nicht neu. Viele Urreligionen, die noch das Wissen hatten, berichteten von ihr.

Die **Grosse Liebesgöttin** ist sowohl unpersönlich als das Licht, oder als **Mutter Universum**, **Mutter Natur** oder **Mutter Erde** zu sehen, als auch persönlich. Sie ist immer auf Erden und in jeder Himmelsdimension, manchmal sogar mehrmals, persönlich inkarniert. Außerdem ist sie als Essenz in unserem Herzen und im Herzen jedes Lebewesens wiederzufinden.

Wir alle wissen, in diesem Universum ist alles bipolar oder dual. Wie ist es also möglich, daß die höchste Instanz des Göttlichen nur aus der Dreieinheit besteht: Gottvater, Gottsohn und dem heiligen Geist? Gottvater als höchste Instanz des Göttlichen uns als Vorbild zu geben, ist eine faustdicke Lüge des Patriarchats.

Wie war es möglich, daß so ein hochheiliger Mythos wie die Gottmutter vergessen werden konnte?

Zum einen hat das Patriarchat sie verbannt. Zum anderen lehnte sich Luzifer besonders gegen die **Mutter der Welt** auf, die mit ihrer Bescheidenheit, Scheue und göttlichen Demut die Einfachheit pur lebt. Sie setzt sich selbstlos für die Notleidenden der Welt und die Rettung der Menschen ein. Dabei bleibt sie immer bescheiden im Hintergrund, ihr Werk ist ihr wichtiger als sie selbst. Die **Mutter** verlangte von Luzifer, einem Eingeweihten in die höchsten Geheimnisse Gottes, nach seiner Erleuchtung, daß er sich ebenso dem göttlichen Dienst in Demut unterordne.

Luzifer, der aber noch zum Größenwahnsinn neigte, wollte nicht in göttlicher Demut der Erde und den Menschen dienen, sondern sich zum Herrn über die Menschen erheben. Er benutzte die Geheimnisse Gottes, kehrte vieles in der Wahrheit sogar um, um sich so die Menschen, die seine Brüder sind, zu seinen Untertanen zu machen. Luzifer wollte schlauer sein als Gottmutter und Gottvater.

Luzifer lehnte sich besonders gegen die göttliche Mutter auf und sorgte dafür, daß das Wissen von der **Mutter der Welt**, besonders ihre Verehrung, aus dem Denken der Menschen verschwand.

Die Vorstellung an die **Weltenmutter** wurde von Luzifer so verbannt, daß nicht einmal Jesus zu seiner Zeit den Glauben an sie wieder herstellen konnte.

In den Urreligionen der verschiedensten Richtungen hier auf Erden kommt folgender Mythos immer wieder vor:

Sie, die Weltenseele, gebar ihren 1. Sohn, den sie später zu ihrem Gemahl machte. Dadurch wurde er der Himmelsvater. In Ägypten nannte man den großen Himmelsvater Ammon, in Griechenland Zeus.

Das Matriarchat nannte diese unvorstellbar große Weltenseele Gottmutter, das Patriarchat Gottvater.

In dieser Zeit geht es um die Entdeckung der Weltenseele als Vater-/Mutterseele in einem und um die Wiederentdeckung der weiblichen Aspekte des Göttlichen. Vielleicht ist die Wahrheit so, daß sie, die Weltenseele oder Elternseele, sich in zwei Aspekte teilte, die weiblichen und die männlichen.

Natürlich ist diese Seele geschlechtslos, es handelt sich hier nur um die geistigen Aspekte des Göttlichen.

Die weiblichen Aspekte Gottes sind:
Leben, Liebe, Güte, Barmherzigkeit, Gnade, Lieblichkeit und alles was dazu gehört.

Die männlichen Aspekte Gottes sind:
Atem, Kraft, Durchsetzung, Erbauen, Erhalten und alles was dazu gehört.

Und was ist das Leben ohne Atem, was ist der Atem ohne Leben?

Tritt Gott in die Erscheinungswelt im männlichen Aspekt, so geht es um die Kraft und um Durchsetzung. Die weiblichen Aspekte der Liebe, der Gnade, der Güte sind im Hintergrund.

Tritt Gott in die Erscheinungswelt im weiblichen Aspekt, so geht es um Liebe, Gnade, Güte, Erlösung und Barmherzigkeit. Die männlichen Aspekte der Kraft und Durchsetzung sind im Hintergrund.

Die göttliche Mutter war bekannt in allen Weltreligionen.

Im Westen ist die große Göttin unter folgenden Namen bekannt:
Göttin Aphrodite • Göttin Ischtar • Göttin Atargatis • Göttin Themis • Göttin Schulammit • Göttin Pisti • Göttin Ereschigal • Göttin Anat • Göttin Sachmet • Göttin Maat • Göttin Astraia und die Göttin der Weisheit • Göttin Sophia

Im Osten, im Hinduismus, hat die Heilige Mutter die Namen:
Göttin Lakshmi • Göttin Shakti • Göttin Saraswati • Göttin Lilith • Göttin Kali • Göttin Durga

Das Wissen von der Divine Mother (göttlichen Mutter) ging im Hinduismus nie verloren. Dort wird sie hoch verehrt und in den schönsten Liedern besungen.

Die Römer verehrten die große Mutter in ihren verschiedenen Aspekten als:
Göttin Diana • Göttin Venus • Göttin Artemis

Die Juden gaben ihr höchste Ehre als:
   Braut Gottes mit dem Namen •Göttin Shechinah

Die Tibeter sahen die Inkarnation der göttlichen Mutter:
   in der •Göttin Palden Lhama

In China gibt es viele Tempel zu Ehren der Mutter der Welt:
   man verehrt sie dort als •Göttin Kwan Yin

Bei den Hopis heißt die Muttergöttin:
   Hüterin der Erde •Kokyang Wuthi

Das Christentum erkannte als Gottesmutter:
   die •Mutter Maria an

In Ägypten inkarnierte die große Muttergöttin als:
   Pharaonin •Hatschepsut und •Göttin Isis

Im Buddhismus inkarnierte die Mutter der Welt:
   als •Göttin Tara

Es handelt sich hier nicht um verschiedene Göttinnen, sondern um verschiedene Ausstrahlungen und Inkarnationen der einen MUTTERGÖTTIN des Universums.

Die Göttin Tara war in engster Nähe des Buddha. Der Buddha erkannte sie als einzige erleuchtete Frau an, woraus einige Buddhisten den Schluß zogen: es könnte nur eine Frau erleuchtet werden, alle anderen schaffen das nicht. Das ist natürlich falsch verstanden. Richtig ist vielmehr, daß jede Frau, die ihre höchste Erleuchtung erlangt, sofort eine Ausstrahlung der göttlichen Mutter wird.
   Diese weiblichen Inkarnationen dienen als AVATARINNEN der Mutter und ihren Botschaften.
   Im Wassermannzeitalter steht die große Muttergöttin wieder auf. Es werden Tempel ihr zu Ehren überall in der Welt eröffnet wer-

den. Wir werden uns von ihrem Vorbild leiten lassen, ihr zu Ehren Hymnen singen und sie als höchste Seele alles Seienden verehren.

Die größte aller Göttinnen ist jetzt zusammen mit dem »Karmischen Rat« und der »Großen Weißen Bruderschaft« auf Erden, um die spirituelle Regentschaft für die nächsten 2000 Jahre zu übernehmen. Das ist das goldene Zeitalter, das lange prophezeit wurde. Das ist das Gnadenzeitalter, auf das wir lange gewartet haben.

Zur »Großen Weißen Bruderschaft« gehören die *Mahaavatare Buddha* und *Christus*, der *Maha Chohan*, die 7 *Chohane* (*Meister El Moria, Meister Konfuzius, Meisterin Rovena, Meister Serapis Bey, Meister Hilarion, Meisterin Nada,* und *Meister St. Germain*) sowie die großen Erzengel und alle, die sich dieser großen geistigen Hierarchie unterordnen.

Die *Divine Mother* kam am 27. 3. 1987 unter riesigen Wundern mit der *»Großen Weißen Bruderschaft«* auf die Erde, um die Regentschaft zu übernehmen.

Ich selbst war mit 12 Seminarteilnehmern am 27. 3. 1987 in der Schweiz bei Bern Zeuge ihrer Herabkunft und der riesigen Wunder.

Plötzlich war um die Sonne ringsum ein riesiger, runder Lichtregenbogen. Dann waren überdimensional groß die heiligen Zeichen der göttlichen Mutter am Himmel zu sehen (zwei Lemiskaten aus Lichtregenbögen diagonal und vertikal ineinander verschlungen). Danach fielen Lichtregenbögen der Farben kobaltblau, leuchtendrot oder grasgrün in unseren riesigen Garten (im selben Moment wußte ich, daß das keine normalen Regenbögen sind. Hier sind die Lenker der kosmischen Strahlen am Werk). Auf diesen Lichtregenbögen reisten, für alle von uns sichtbar, Hunderte von Engeln herunter. Die Engel waren 1 Meter, 2 Meter, 5 Meter, ja sogar bis ca. 20 Meter hoch.

Die Wunder dauerten von morgens 11 Uhr bis abends ca. 20 Uhr. Um 18.50 Uhr standen sie vor mir, die 12 Erhabenen der Großen

Weißen Bruderschaft und die Mutter der Welt. Ihre Größe war fast unschätzbar. Vor mir standen Wesenheiten, die nach meiner Schätzung mindestens 8.000 oder 12.000 Meter groß waren.

Es war das größte Wunder meines Lebens.

Sie waren keine Phantasie- oder Trancevorstellungen, sondern real sichtbare Wesenheiten. Die erhabenen Wesenheiten waren so wunderschön und würdevoll, wie man es mit keinen Worten beschreiben kann.

Sie alle trugen große, leuchtende, heilige Zeichen auf ihrer Stirn. Ich erkannte den Mahaavatar Christus und seine Heiligkeit den Meister Kuthumi.

Am eindruckvollsten, erhabensten und würdevollsten war die große Göttin, die ich sah. Jedoch hatte ich bis zu diesem Zeitpunkt noch nie etwas von ihr gehört, und darum wußte ich nicht, wer sie war.

Oft habe ich darüber nachgedacht, was damals geschehen ist. Ich kann es nur mit folgenden Worten erklären: Es hat sich die Nebelwand zu einer anderen Dimension, für die wir normalerweise blind sind, aufgetan.

Von da an wurde ich von der Mutter der Welt geführt, ihre Botschaften zu erfahren und zu übersetzen.

Aus dieser Zeit weiß ich, daß die Mutter der Welt kosmische Freude, bedingungslose göttliche Alliebe, göttlich-königliche Würde, geniale Allwissenheit, göttliche Glückseligkeit, kindliche Verspieltheit, zauberhafte Süße und göttlicher Humor ist.

Außerdem ist sie sehr sehr scheu. Sie offenbart sich ihren Kindern nur, wenn wir uns ihr in kindlicher Naivität mit offenem Herzen zuwenden. Wenn unser Geist sich ein klein bißchen in Richtung negativem Denken oder Zweifel dreht, verschwindet sie auf der Stelle.

Wer sich ihr in unschuldigem Herzen zuwendet, dem wird sie sogar über Wunder erscheinen oder andere Hinweise geben, daß es sie wirklich gibt.

Inkarnationen der Mutter haben nie eine Weltreligion gebracht, denn die Mutter ist alle Wege und alle Religionen. Darum bringt sie auch in jeder ihrer Inkarnationen den Weg der Synthese aller Wege. Die Mutter der Welt ist die Mutter Christi und die Mutter Buddhas sowie unser aller heilige Lichtmutter.

Der neue Mensch der neuen Spiritualität will über alle Grenzen von Religionen hinaus zur letzten Wahrheit. Sie, die Weltenseele als Gottmutter/Vater ist die höchste Verwirklichung des Göttlichen. Darüber hinaus gibt es nur noch das Licht oder das absolute Nichts, das Nirvana.

So ist es tatsächlich: wie oben, so unten. Das Weibliche wurde Jahrtausende unterdrückt und wird auch heute noch unterdrückt. Aber nicht nur die Frauen sind hier auf Erden unterdrückt worden, sondern man hat uns als Frauen sogar unser großes Vorbild der Muttergöttin und somit unsere größte Zuflucht und göttlichen Schutz genommen.

Es ist von allerhöchster Wichtigkeit, daß die Botschaft von der göttlichen Mutter jetzt in das Bewußtsein der Menschen einzieht und daß wir ihr die Ehrerbietung geben, die ihr, der aus unserem Bewußtsein Verbannten, zusteht.

Mit dem Einzug des Bewußtseins über die Muttergöttin in unser Wissen und in unser Herz wird Hand in Hand die Gleichberechtigung der Frau auf dieser Erde geschehen müssen. Mit der Gleichwertigkeit des männlich-weiblichen Aspektes in den höchsten Götterwelten sind wir hier unten gerufen, neue Formen von Partnerschaften zu schöpfen.

Für die Frau ist die Mutter der Glückseligkeit ein wunderbares Vorbild, die eigene göttliche Weiblichkeit zu spüren und unser Leben nach den Werten Würde, Liebe und Güte auszurichten.

Für den Mann ist die weibliche Gottheit eine Herausforderung, in würdevollen Frauen die Göttin zu suchen. So kann der Mann über die Entwicklung seiner eigenen weiblichen Seite und über die göttliche Anima zur eigenen Göttlichkeit erwachen.

Das Zeitalter der ganz großen Gnade ist jetzt auf Erden.

Seit Januar 1996 leben wir laut der Astrologie im Wassermannzeitalter. In jenem goldenen Zeitalter, das von vielen Propheten vorausgesagt wurde. Das Zeitalter, in dem Millionen und Abermillionen von Menschen den Weg ins Licht und zurück ins Göttliche gehen. So ein Zeitalter der Gnade gab es wahrscheinlich noch nie auf Erden und wird es vielleicht auch nie wieder geben.

Das Gnadenzeitalter ist das Zeitalter der Mutter der Welt.

Daß wir alle in dieser Zeit erwachen, hat damit zu tun, daß die Erde schon lange unter der Einstrahlung der Liebesgöttin steht. Wir stehen alle unter ihrem Schutzmantel. Durch ihre verstärkte Aura spüren wir ihren Ruf in unserem Herzen »*Komm zurück nach Hause!*« Das größte Geschenk, das die Göttin des Schöpferischen Chaos uns machen kann, ist die Offenbarung ihres Geheimnisses von der Überwindung der Dualität.

Zu jeder Zeit ihres Erscheinens hier auf Erden offenbart sie einen anderen Aspekt ihrer Göttlichkeit. In dieser Zeit kommt sie als Lichtgöttin, um uns zur Hochzeit mit dem Licht abzuholen. Dieses ist die größte aller Gnaden, die uns in irgendeinem Leben erteilt werden kann.

Warum sollten wir uns in dieser Zeit ihr, der größten aller Göttinnen, zuwenden?
Weil sie die Göttin der Gnade ist.
Amen.

Denn all unser Wissen und noch so großartige Übungen nutzen uns wenig, wenn wir uns nicht in würdevoller, lieblicher Demut dem Göttlichen gegenüber öffnen und um die Gnade bitten, denn ob und wann der Gottesfunke in uns gezündet wird, das bleibt ein Gnadenakt der Großen Lichtgöttin. Aber wenn wir all unsere Vorbereitungen, die es für den Weg braucht, getroffen haben, warum sollte sie, die Große Göttin der Gnade, dann nicht kommen, um unsere lachende Hochzeit mit dem Licht einzuläuten?

Es ist im Lichtzeitalter auf Erden ihr Göttlicher Wille, daß das geschieht und daß wir wieder heimkehren ins Paradies der Glückseligkeit.

Danke

Danke der Göttlichen Mutter,
daß wir in ihrem Licht,
in diesem Zeitalter der Gnade
hier auf Erden erwachen dürfen.
Danke,
tausendmal Danke.

Ewiger Dank sei ihr,
der Lichtgöttin der Jubelsphäre,
daß sie auf die Erde gekommen ist,
um uns zu erlösen.

Die Mutter der Welt

UND DIE GROSSE WEISSE BRUDERSCHAFT DER GEISTIGEN
HIERARCHIE
(Die 12 Erhabenen Gottes)

                                                    (Die Vertreter des Heiligen Geistes)

Buddha und Christus   **Der Maha Chohan**

⇕   ⇕   ⇕

Buddha Maitreya   **Meister Kuthumi**
(der jetzige Buddha, des neuen Zeitgeistes)   (für Erleuchtung)

Die 7 Chohane und Lenker der kosmischen Strahlen

El Moria	Konfuzius	Meisterin Rovena	Serapis Bey	Hilarion	Meisterin Nada	St. Germain
(königsblau)	(chinesisch grün)	(rosa)	(kristallweiß)	(moosgrün)	(rubinrot)	(violett Frieden)

⇕   ⇕   ⇕   ⇕   ⇕   ⇕   ⇕

Erzengel   Erzengel   Erzengel   Erzengel   Erzengel   Erzengel   Erzengel

⇕   ⇕   ⇕   ⇕   ⇕   ⇕   ⇕

Engel   Engel   Engel   Engel   Engel   Engel   Engel

Avatare und Avatarinnen

Avatare und Avatarinnen sind Bodhisattvas, also freiwillige Inkarnationen, die sich im göttlichen Auftrag inkarnieren. Sie müssen in dem Leben, in dem sie als Avatare wirken, den Beweis bringen, daß sie den Weg zur höchsten Erleuchtung allein, ohne spirituellen Meister, finden.

Aus Liebe zur Menschheit verzichten sie auf den göttlichen Glückseligkeitszustand und kehren wieder zurück ins Denken der Menschen, um die göttliche Botschaft für viele Menschen zu übersetzen.

Avatare sind Verkörperungen, über die Gott ins Erdenkarma eingreifen kann. Es sind vollerwachte Buddhas oder Dakinis (weibliche Buddhas), die aus höchsten Götterwelten kommen.

Ein Avatar ist ein »Herabgekommener«, einer, der aus dem Göttlichen Bewußtsein wieder in das duale Denken herabgekommen ist.

Die Mutter von Sri Aurobindo, die selbst eine Avatarin war, erklärte: »*Kommt ein Avatar/eine Avatarin auf die Erde, dann soll die Erde auf der Evolutionsleiter eine Stufe weitergehen.*«

Es gibt Mahaavatare, stille Avatare und tätige Avatare.

Mahaavatare:
sind ganz große Avatare. Sie sind Überbringer von Weltreligionen. Sie hießen bisher Zarathustra, Krishna, Shiva, Buddha, Christus und Mohammed. Auch seine Heiligkeit der Dalai Lama oder seine Heiligkeit der Karmapa sind tätige Mahaavatare und Gottmenschen.

Stille Avatare:
meditieren im Himalaja für den Frieden dieser Welt. Sie leben total zurückgezogen von der Welt und führen das Leben des Einsseins mit Gott. So können sie ihr Gottbewußtsein und damit das

Friedenspotential auf Erden erhalten, aber niemals auf Erden tätig werden oder den Menschen zu ihrer Evolution dienen. Stille Avatare halten den Weltfrieden.

Tätige Avatare:

sind Avatare, die den Menschen dienen. Es gibt tätige Avatare, die eine Religionslinie erhalten, z.B.: die höchsten Tulkos im tibetischen Buddhismus oder die Zen-Roshis im Zen-Buddhismus.

Andere tätige Avatare sind Überbringer einer neuen göttlichen Botschaft oder eines göttlichen Auftrages. Zum Beispiel Shri Aurobindo und die Mutter von Auroville. Ihr göttlicher Auftrag war es, eine Weltenstadt für spirituelle Weltenbürger zu gründen; damit begann sie im Alter von 90 Jahren!!! Der Ort heißt Auroville und liegt in Indien.

Ein tätiger Avatar ist ein Erleuchteter höchster Erleuchtungsstufe. Er wurde Eins mit dem Göttlichen Bewußtsein. So erfuhr er die göttlichen Gesetze, die göttliche Allwissenheit und die göttliche Glückseligkeit. Darüber hinaus erfuhr er das Einssein mit dem Nirvana. Ein Avatar ist das Verbindungsglied zwischen Mensch und Gott, zwischen dem mentalen Denken der Menschen und dem – wie Shri Aurobindo es nannte – supramentalen Bewußtsein des Göttlichen.

Das göttliche, supramentale Bewußtsein kann vom mentalen Denken des Menschen nicht erfaßt, verstanden oder aufgenommen werden. Darum braucht es Avatare.

Das supramentale Bewußtsein des Göttlichen ist für unser Logo- und Ratio-Denken nicht verstehbar oder übersetzbar. Alle Übersetzungen sind von vornherein zum Scheitern verurteilt. Und doch schickt Gott immer wieder Avatare und Avatarinnen auf die Erde, damit die Botschaft gemäß des Landes und der Zeit neu übersetzt wird. Jedoch können keine Worte die Glückseligkeit, Leichtigkeit und die geniale Allwissenheit des göttlichen Geistes beschreiben. Beschreibbar sind nur die Wege und die Übungen, um das Ziel zu erreichen.

Das Ziel selbst ist unbeschreibbar; es gibt keine Worte, die das erklären könnten, schon gar nicht im dualen Denken.

Das ist auch der Grund, warum es so viele verschiedene Wege, also Übersetzungen gibt, die alle zum selben Ziel führen. Darum gehören Religionskriege zum größten Wahn dieser Erde.

Denn alle Avatare lehren dasselbe:

Liebe, Wahrheit, Ethik, Mitgefühl. Nur die Wege, wie man das verwirklicht, sind unterschiedlich.

Avatare und Avatarinnen haben außerdem die Aufgabe, die Verbindungslinie zum Göttlichen aufrecht zu erhalten, und eine Pipeline vom menschlichen 2-dimensionalen Bewußtsein über das Kosmische 5-dimensionale Bewußtsein zum Göttlichen 8-dimensionalen Bewußtsein herzustellen.

Avatare sind auf allen Ebenen des Bewußtseins zu Hause. Damit sind sie höchst wertvoll für Menschen und für Gott, denn sie sind in der Lage, die reinste der reinen Botschaften aufzunehmen und zu überbringen.

Auch Avatare werfen Schatten!

Ein weit verbreiteter Irrtum ist, zu glauben, wenn jemand diese, für normale Menschen hohe Stufe des Bewußtseins erlangt hat, dann muß er unfehlbar sein, habe keinen Schatten mehr und halte sich nur im Glückseligkeitsbewußtsein auf. Das ist falsch.

Ein Avatar hat im Erleuchtungszustand keinen Schatten. In der Dualität ist er dual, also Licht und Schatten.

Jenseits der Dualität gibt es kein Falsch, keinen Schatten, kein Negativum, diesseits schon.

So muß ein Avatar schmerzhaft erfahren, daß alles, was er in der Dualität tut, einen Schatten wirft. Ein Avatar trägt Erdenkarma ab, und sein Schatten, den er auf sich nehmen muß, ist genauso groß, wie seine Aufgabe.

Untersuchen wir den Schatten von ehemaligen Avataren und Mahaavataren:

Der Schatten der Mutter von Auroville in Indien, die als Avatarin der göttlichen Mutter ihren göttlichen Auftrag verwirklichte, eine spirituelle Weltenstadt zu gründen, war so hoch, daß es noch teilweise heute in Auroville zu spüren ist. Die Mutter, die für die Gemeinschaft der spirituellen Menschen so viel tat, starb einsam. Nur ein Schüler hat bis zuletzt zu ihr gestanden. Heute ist ihr Grab ein Heiligtum in Indien, an das täglich Tausende von Pilgern kommen.

Der Schatten des Mahaavatars Christus, der die Botschaft der Liebe brachte, war Haß. So wurde er mit seiner Kreuzigung Opfer des Massenhasses. Aber durch seine Opferbereitschaft haben Millionen und Abermillionen den Weg zu Gott gefunden.

Ghandi, ein Gottmensch, kämpfte mit allem, was ihm möglich war, für die Gewaltlosigkeit. So verhinderte er viel Blutvergießen und Kriegsmorde an Millionen. Der Schatten, den er auf sich nehmen mußte: er wurde selbst Opfer einer Gewalttat.

Ein Avatar steht für die göttliche Instanz, jenseits von Kritik, denn er verwirklicht in Licht und Schatten den göttlichen Auftrag.

Nur die blinden Menschen mit ihrer Sucht, sich selbst und andere zu kritisieren, glauben, daß sie beurteilen könnten, daß ein Avatar hier in der Dualität unfehlbar sein muß. Das ist Unwissenheit und Überheblichkeit.

Ein Avatar ist ein Gottmensch, das heißt, während der Erleuchtungen zieht »ES« – das All-Eins-Seiende – als reiner Logos in ihn ein. Jahre später übersetzt er es ins duale Denken. Sein Körper und seine Empfindungen sowie seine Verletzbarkeit sind genauso wie bei jedem anderen Menschen auch vorhanden.

Man kann es auch so interpretieren: Der Avatar opfert sein Ego total und wird dadurch wieder eins mit dem göttlichen Geist. So kann Gott seinen Körper, seine Hände, sein Denksystem und seine Sprache benutzen, um direkt zu jenen Menschen zu kommen, die wirklich erlöst werden wollen.

Im Gegensatz zum Gottmenschen ist der unerlöste Mensch in Ägypten als Sphinx dargestellt. Die Sphinx ist ein Gott-Tier. »Tier« bedeutet in diesem Fall: der unerlöste Mensch. Er ist programmiert und konditioniert. Er muß wie die Tiere das kreieren, zu dem er konditioniert wurde. Da der Mensch halb Licht, halb Schatten ist, wird hier mit »Tier« auf die Seite des Menschen hingewiesen, wo der Mensch eine »Bestie« ist.

Woran erkennt man einen Avatar?

Normale Menschen können ihn nicht erkennen. Nur ein Buddha erkennt einen Buddha. Avatare erkennen sich untereinander, denn sie tragen heilige Zeichen auf der Stirn.

Begegnest Du einem Avatar und schaust ihm in die Augen, so kannst Du mitunter erkennen, daß er kleine blaue Lichtwolken aus seinen Augen schickt. Das ist ein Zeichen, daß er in diesem Moment aus seinem göttlichen Leib wirkt. Mit diesem blauen göttlichen Licht können Avatare den Gottleib im Schüler entflammen. Damit geht ein viel schnelleres spirituelles Wachstum der Schüler einher.

Die 7. Stufe des erleuchteten Geistes ist die Avatarerleuchtung oder Wundererleuchtung. Man nennt diese Erleuchtung auch die Krone des Lichtes.

Am Tag der Avatarerleuchtung zieht das göttliche Licht in den über viele Leben vorbereiteten Körper des Menschen ein. Die großen Mahaavatare oder die große Weltenmutter erscheinen persönlich und nehmen die Lichtkrönung des neuen göttlichen Kanals vor. Dieses geschieht unter großen Wundern. Ab diesem Zeitpunkt erhält der neue Avatar heilige Zeichen auf der Stirn, die bis ans Lebensende bleiben.

Danach beginnt für den neuen Avatar eine lange Prüfung der göttlichen Demut, bis er den göttlichen Auftrag bekommt, den er dann umsetzt.

Die Mutter der Welt

Gebete und Gedanken an die Große Mutter

Tanz der Göttinnen

Große Göttin des Lichtes, Mutter des Universums
und der göttlichen Glückseligkeit

In meiner Würde als Mensch
verneige ich mich vor dir

Dir schenke ich die Ehrerbietung
meines lichtvollen Herzens

Deine bedingungslose Liebe erwecke mein Herz
zum grenzenlosen Mitgefühl
mit allen Lebewesen

Deine Sanftheit und Weichheit
spreche durch meine Lippen

Dein Licht der Lieblichkeit und Süße
schaue durch meine Augen

Dein göttlicher Humor
erwecke den Geist vieler Menschen
zum lachenden Erwachen
über Gut und Böse

Deine Gnade und dein Mitgefühl
wollen durch meine Hände
in die Welt getragen werden

Dein Licht der Erleuchtung komme
über den Geist der Würdigen auf Erden
damit wir wieder eins werden im Licht der Ewigkeit

Dir zu dienen
und deine göttlichen Qualitäten
hier auf Erden zu verwirklichen
ist mein höchstes Glück

In Würde und Erhabenheit
in Ewigkeit Amen

Mutter des Universums

Om
Große Göttin
Mutter des Universums
von Alpha und Omega
vor Dir verneigt sich mein Sein

Dir zu dienen
bin ich auf Erden gekommen
Dein erleuchteter Geist
sei mein Geist

Dein Erbarmen mit allem was ist
sei mein Erbarmen
Deine Liebe leuchte
durch meine Augen

Mein Mund spreche
Deine Worte der Liebe
auf daß Du erreichen kannst
viele Deiner Kinder des Lichtes

Ich bin Dein
Führe mich und alle, die sich Dir
und mir anvertrauen
hier auf Erden
in Dein Reich des Lichtes

Amen

Mutter der Glückseligkeit

Om
Mutter der Glückseligkeit
Dein Reich kommt
auf Erden

Dein Licht reicht weit
über alle Grenzen hinaus
im Erwachen
unserer Seelen

Lachend wollen wir die Wahrheit erfahren
vom Einssein in Gut und Böse
Lachend wollen wir erfahren
die Überwindung von Gut und Böse

Dein Reich komme
Das Licht der Herrlichkeit
und der Süße

Danke
ich bin eins im Licht
mit Dir
in Ewigkeit

Amen

Mutter der Liebe

Om
Mutter der bedingungslosen Liebe

eröffne Dein Reich
der Seligkeit
des Lichtes
und des Erbarmens
in meinem Herzen

Auf daß ich stehe
im strahlenden Licht Deines Selbst

Danke Mutter
Danke
Tausendmal Danke

Daß ich eins bin
im Herzen
mit Dir

Om

Göttin des Erbarmens

Meine Augen
oh große Göttin
des Erbarmens
mögen das Licht tragen
das Du uns reichst

am Tag des Wiedereinsseins
im Licht der Ewigkeit

Deine Gnade komme
durch mein Herz
und durch die Herzen vieler

Mögen wir alle unsere Herzen vereinen
Deine Kraft der Liebe
gemeinsam zu spüren
und gemeinsam aufstehen

um Dein Licht
der Liebe und der Gnade auf Erden
in Würde zu tragen

Om
Der Wille geschehe

Der Weg der innerlichen Würde

Der lachende Glückspfad

IST EIN WEG DER INNERLICHEN SCHÖNHEIT –
EIN WEG DER INNERLICHEN WÜRDE.

Auf diesem Weg gibt es *elf Schlüssel zum Glück* zu entdecken, um die Meisterschaft über sich selbst zu erlangen:

- *Mitgefühl und Barmherzigkeit (mit sich und anderen Lebewesen)*
- *Wahrheit (zu sich selbst und anderen)*
- *Liebe (zu sich selbst und anderen)*
- *Verzeihen (sich selbst und anderen)*
- *Güte*
- *Dankbarkeit*
- *Großzügigkeit*
- *Ethik*
- *göttliche Demut*
- *Schattenerlösung*
- *Dienen*
- *und last not least: Finde die Kosmischen Witze über Dich selbst*

dann hast du »ES«, dann bist Du »ES« und dieses »ES« ist
das Große Kosmische Lachen über dich selbst

Der Schlüssel zum Glück

LIEBE

Es lebe die Liebe, die Liebe und wieder die Liebe!

Erst durch die Liebe wird die Welt wunderschön. Und weißt du, warum die Welt jetzt so wunderschön ist? Weil du Liebe in deinen Augen hast, und du durch das Fenster der Wahrheit schaust.

Dann, wenn du Wahrheit geworden bist, dann siehst du nur Liebe, wo du gehst und stehst, und alles um dich herum verwandelt sich mit dir.
Am besten ist, man beschließt: Ich liebe nicht den oder den, sondern ich liebe, weil ich beschlossen habe,

> Liebe zu sein.
> Nur wer liebt, lebt.
> *Ohne Liebe ist kein Leben lebenswert.*

Liebe auf dem Weg ist unerläßlich. Liebe zu sich selbst erlöst dich und damit alles um dich herum.
  Es gibt zwei Arten von Liebe. Die an eine Person oder einen Gegenstand gebundene Liebe. Sie beinhaltet oft auch sehr viel Leid. Oder die weiche, sanfte, unpersönliche Alliebe. Die Liebe zu allem was ist, zu allem, was lebt. Zu Blumen, Tieren, Menschen, … Diese Alliebe fließt in vielen Seminaren der Selbsterfahrung. Dadurch entwickeln die Gruppen eine Dichte und Intensität von Alliebe, die für uns im alltäglichen Leben ungewöhnlich ist.
  Das sind sie, die Kinder des Lichtes.

Sie üben in den Seminaren das Leben in der Alliebe und bringen diese Liebe dann in ihr Leben, damit das Leben liebenswert wird.
  Ein Hoch der Liebe!

Der Schlüssel zum Glück

WAHRHEIT

Gott oder das Licht ist Wahrheit
Gott hat viele Gesichter,
aber das erste Gesicht Gottes heißt Wahrheit.

Es ist nicht möglich, ein erwachter Lichtmensch zu werden, ohne Wahrheit zu leben, ohne uns die Wahrheit über unsere eigenen Licht- und Schattenseiten anzuschauen.

Erst wenn wir Wahrheit sind,
haben wir ein Barometer in uns,
wo wir einer List oder Lüge zum Opfer fallen können.

Untersuchen wir, was uns die Wahrheit und die Lüge kosten und was sie uns bringen, so kommen wir immer zu demselben Ergebnis:
Das Billigste,
allein vom Gesetz der selbsterfüllenden Prophezeiung her,
ist und bleibt die Wahrheit.
Alles andere ist viel zu teuer.
Es lebe die Wahrheit!

Der Schlüssel zum Glück

ETHIK

Ethik heißt, daß wir niemanden belügen, betrügen oder schädigen. Ethik heißt, daß wir alle Schulden zurückzahlen und alles Geborgte wieder zurückgeben.

Im Buddhismus gibt man den Eid ab, in keine bestehende Beziehung einzugreifen, weil man damit sehr viel Leid verursacht. Das alles und noch viel mehr ist Ethik.

Was ist Ethik?
Man kann es in einem Satz sagen:

*Liebe, Mitgefühl und Barmherzigkeit zu sich selbst
und zu anderen Menschen und Tieren.*

Wenn wir aus unserem noch gegen uns und die Welt gerichteten Geist eines Tages einen leuchtenden Diamanten der innerlichen Brillanz schleifen wollen, dann ist Ethik der schönste Schleifstein zur eigenen Reifung und Lichtwerdung. Ethik ist die Basis und das Poliertuch unseres inneren Diamanten.

Ethik ist die Eleganz unserer Seele

Ethik bringt ein Gefühl von Geradlinigkeit, bringt ein Selbstwertgefühl und ein Gefühl innerlicher Reinheit. Es ist einfach von innen schön, in einem Körper zu wohnen, dessen Geist die ethischen Gesetze des Menschseins lebt. Wir können uns immer in die Augen sehen, auch wenn wir irgendwann wieder einen Schatten über uns erleben. Im Herzen fühlen wir uns sauber.

Ethik ist nicht Moral. Wenn jemand Moral als Ethik versteht, dann ist sie verkehrt verstanden. Gegen Moral werden wir uns irgendwann auflehnen. Denn Moral sind Dogmen, die uns irgend so ein innerlicher Daumen aufzwingt. Ethik ist eine Frage des Bewußtseins.

Je mehr wir von den Gesetzen der Spiegelreflexion, des Karmas und des Denkens erkannt haben, um so ethischer werden wir von alleine, weil wir erkennen, daß sich alles andere um ein Vielfaches mehr gegen uns als gegen die anderen wendet. Ethik ist eine Frage der Intelligenz.

Ethik ist Würde.

*Ein innerlich schöner Mensch ist immer ein ethischer Mensch.
Mit der Ethik, die in unser Leben einzieht,
zieht Gott in unser Herz ein.*

Der Schlüssel zum Glück

DANKBARKEIT

Dankbarkeit ist der Schlüssel zur Glückseligkeit.

Wenn du dankbar bist, ist dein Leben gesegnet vom Reichtum Jupiters. Wenn du dankbar in meditativer Verinnerlichung dem Blühen einer Blume zuschauen kannst, so weißt du, was Seele tanken ist.
 Wenn du dankbar bist, daß du Sonne in deinem Leben hast, dankbar für den Gesang des Vogels, für das Lächeln des Kindes, dann wirst du das Licht in deinem Herzen und in deinen Augen kennen.
 Wenn du dankbar bist, Liebe, Freude, Freunde und Lachen in deinem Leben zu haben, und dein Herz in Dankbarkeit erhebst, dann badest du ein Leben lang in

Innerlichem Reichtum

Schön ist es, in einem Körper zu wohnen,
wo die Seele dem Leben, wie es lebt,
mit glücklichen Augen dankt.
Genau in dem Moment dankt das Licht dir,
dass du die Welt so siehst.

Der Schlüssel zum Glück

GÖTTLICHE DEMUT

Demut ist die Reinheit der Seele.

Demut wird oft falsch verstanden, als Unterwürfigkeit. Manche verstehen darunter, sich selbst für andere aufzuopfern im Aschenputteldasein. Das ist keine Demut, das ist Selbstverachtung.

Es geht hier um die göttliche Demut.

Göttliche Demut ist eine Mischung von Sanftheit, Lieblichkeit und innerlicher Würde. Zu allem, was lebt, Achtung und Liebe zu haben, ist göttliche Demut. Sie ist die schönste Form der innerlichen Würde in der Hingabe an die Liebe, an das Licht, an die Ethik, an die Wahrheit, an

*Gott in uns und an Seine Heilige Majestät,
den Schöpfer außerhalb von uns.*
Ein Mensch, der göttliche Demut im Herzen trägt, den trägt Gott in seinem Herzen.

Der Schlüssel zum Glück

GROSSZÜGIGKEIT

Großzügigkeit, besonders für die, die in Not sind, ist unser aller Berufung.

Dort Hilfe zu geben, wo Not ist, in Dankbarkeit für unser Leben, daß wir nicht so in der Not leben müssen, ist unser aller Berufung. Was haben wir für ein Glück, daß wir nicht in einem Regime leben, das uns verhungern läßt, ausbeutet oder uns als »Kriegsmaterial Mensch« zum Abschuß freigibt.

*Wir rufen auch dein Herz: Bitte hilf!
Wir bitten für die Not der Welt
und zugunsten deines Karmakontos.*

Die ganze spirituelle Szene in Europa dreht sich egozentrisch um die eigene Selbstverwirklichung. Nur wenige großzügige Menschen denken auch an die Not der Welt. Es reicht nicht, nur an die eigene Befreiung zu denken. Wir haben für die Not der Welt etwas zu tun, sei es durch Tatkraft oder finanziell. Wenn wir wollen, daß uns in Not geholfen wird, sei es seelisch oder finanziell, dann müssen wir etwas tun für jene, die jetzt in Not sind.

Wer weiß, in welcher Inkarnation wir wieder ganz tief im Karma stecken, so sehr, daß wir uns selbst nicht helfen können. Und wenn wir in unseren »fetten« Leben nicht an jene abgeben, die gerade auf der anderen Seite der Medaille leben, dann könnte das Karma schnell umschlagen, und uns wird nicht gegeben werden, wenn wir in Not sind.

Das könnte ein Traum von einer gerechten Welt sein, auf Inkarnationen verteilt. Es könnte aber auch das Karma sein, von dem der Buddha spricht, der tiefe Einsicht ins Weltenkarma hatte, und wir können durch unsere jetzige Großzügigkeit dafür sorgen, daß uns Hilfe gegeben wird, wenn wir auf der anderen Seite der Medaille leben.

Es ist ein kosmisches Gesetz: Dir wird soviel Hilfe gegeben, wie du Hilfe gibst. Und es dürfen soviel Menschen ins Licht gehen, wie das Karmakonto Guthaben hat.

Es ist unsere Aufgabe, die wir das Göttliche, die Liebe in unserem Herzen, spüren, sie an jene weiterzugeben, die in Not sind und unserer Liebe bedürfen. So, wie du aus dem geistigen Leiden heraus willst, so wollen andere aus dem Leid des Hungers, der Schmerzen oder der bittersten Not heraus.

Und wir können viel mehr tun, als wir tun. Wir haben genug Geld, das wir für völlig unnötige Dinge ausgeben.

Großzügigkeit geht immer auf das eigene Karmakonto und ist ein Schlüssel zum Reichtum. Das nennt der Buddhismus: Verdienst ansammeln.

Im Auftrag der Großen Mutter gründete LACH & CHAOS den Verein »*Adel des Herzens*«, der bisher zwei Projekte zur Förderung von notleidenden Menschen aufgebaut hat:

- Unterstützung einer Lepra- und Aussätzigenstelle in Indien
- Finanzielle Unterstützung eines buddhistischen Waisenhauses für Mädchen in Leh/Ladhak, Indien.

Es gibt viele Möglichkeiten zu helfen. Du kannst zum Beispiel beim »*Adel des Herzens*« (für 350,— Schilling bzw. 50,— DM pro Monat) oder bei einer anderen Organisation ein Kind als Patenkind annehmen, und dieses Kind kann dadurch überleben und muß nicht verhungern, auf der Straße leben oder frühzeitig durch Prostitution sein Geld selbst verdienen.

Bitte, hilf mit, die Not der Welt zu lindern. Nick jetzt nicht mit dem Kopf und sag: *Ich werde es morgen tun.*

Tu es bitte jetzt!
*Und du wirst dir dein Leben lang dankbar sein,
daß du das gemacht hast.*

Und wenn du einmal in Not bist und von irgendwo ein Lichtlein herkommt, von wo du es nie erwartet hättest, dann wisse: Alles ist mit allem in einer Lichtsprache miteinander in Verbindung.

Nur sehen es unsere Augen nicht. Wir sind eben blind für
Ursache und Wirkung.

Der Schlüssel zum Glück

VERZEIHEN

Ein ganz großer Schlüssel zur karmischen Befreiung von uns selbst ist, daß wir uns selbst und anderen verzeihen und daß wir die um Verzeihung bitten, denen wir Schaden zugefügt haben.

Viele Menschen sagen: *Ich habe allen verziehen.* Das sieht bei genauerer Betrachtung völlig anders aus. Wenn wir in Einzelarbeiten mit dem Trainer in Tiefentrance zu dem Anteil in uns gehen, der noch nicht verziehen hat, dann kommen da aber dicke bis dickste Brocken hoch.

Manche können anderen wirklich liebevoll verzeihen, aber bei sich selbst sind sie ungnädig.

Sich selbst und anderen zu verzeihen, ist aus zwei Gründen äußerst wichtig.

- Wenn wir verziehen haben, haben wir an dem Punkt Frieden und damit Liebe in der Seele. Dinge, die wir uns selbst oder anderen nachtragen, sind wie ein Stein im Schuh, nur dieses Mal ein Stein in der Seele. Es tut immer wieder an derselben Stelle weh. Wir sind an der Stelle empfindlich, wie ein verletztes Auge. Ja, wir provozieren sogar andere, uns immer wieder an derselben Stelle zu verletzen. Haben wir uns und anderen verziehen, dann sind die »Steine« aus der Seele entfernt.

- Wenn wir gestorben sind, stehen wir vor dem Licht.

Der Richter sind wir selbst.

Unser Leben läuft noch einmal rückwärts vor unseren inneren Augen ab, und wir selbst bewerten, was wir getan haben. Wir bewerten es so, wie wir hier unten uns und die anderen Menschen bewerten. Sind wir noch im verurteilenden Bewußtsein, so verurteilten wir nach dem Tod uns selbst, und das ist das Urteil.

Vor uns aber steht das Licht, und das gibt zu allem immer eine positive, verzeihende Antwort. Sind wir nicht geschult, uns selbst oder anderen zu verzeihen, dann nehmen wir das Verzeihen des Höheren Selbst nicht an.

Wenn das passiert, ist es dem Höheren Selbst am anderen Ufer nicht möglich, uns mit in die Himmelreiche oder ins Paradies zu nehmen, weil wir noch viel zu schwer vor Trauer, Wut und Verzweiflung sind.

Je schwerer wir sind, um so eher fallen wir wieder zurück in die Erdenschwere und damit in die Wiedergeburt.

Das Geheimnis, wie wir zu sterben haben, heißt: »*Leicht*«.
Haben wir uns und anderen gründlich möglichst in Tiefentrance verziehen, dann ist unsere Seele leicht. Je leichter sie ist, umso höher kann sie in die höheren Welten fliegen.

Der heilige Narrenspiegel

des
L̸Nichtbewußtseins
oder ...

Die tausend Wege,

sich selbst
hinters Licht
zu führen

Dieses Buch ist für:

*normale Narren und
erwachende Narren.*

*Zu Ehren der
Heiligen Kosmischen Narren*

*– und andere Einwohner
hat diese Erde nicht*

Abteilung 1:
Normale Narren

GRUNDMERKMAL: Du weißt alles über dich. Dir geht es gut. Du bist seit zwanzig Jahren glücklich verheiratet oder schon drei Mal geschieden. Alles in Ordnung. Keine Probleme.
Für »*normale*« Narren gelten folgende Merkmale als typisch:

- *Sex, Geld und Alkohol*
- *Macht, Besitz, Intellektualität und Titel*
- *Marihuana, Haschisch, LSD*
- *Krankheit, Sauberkeit und Zwangsneurosen*

Sie stecken noch so tief im Spiel der Selbstsabotage, daß sie noch nicht einmal wissen, daß sie darin sitzen. Sie nennen ihr Leiden »*normal*« oder »*alles in Ordnung*« und verdrängen ihr Leiden so, daß die Umwelt es austragen muß. Ihr Weg, zu erwachen, ist noch sehr lang.
Bis sie den Witz gefunden haben, der sie sind, muß die Umwelt (Partner, Kinder, Angestellte usw.) noch viele Schmerzen mit ihnen aushalten. Ihre Witze tun noch sehr weh. Sie nennen ihren Schatten noch die »*Bösen anderen*« und wissen nicht, daß sie die »*anderen*« bis ins Blut hinein provozieren, diesen Schatten für sie zu leben.

Sei dir stets ein Witz, dass Du immer was zu lachen hast

Abteilung 2:
Erwachende Narren – Anfänger

GRUNDMERKMAL: Du wachst auf und merkst, daß du überhaupt keine Ahnung von dir selbst und dem Leben hast. Ja, daß du nicht einmal den Topfrand deiner Vielschichtigkeit und Problemstellung siehst, in dem du mitten drin sitzt. Du bist auf dem Weg, Selbsterfahrungsseminare zu besuchen. Die Welt wird dir mystischer, schöner, tiefer, vielschichtiger, aber auch verwirrender. Du fängst schon an, etwas Individuelles, Persönliches zu werden: Ein riesig großes Fragezeichen über dich selbst. Und das in aller Vielschichtigkeit und Verwirrtheit des Geistes, die die Multidimensionalität des menschlichen Bewußtseins hergibt.

Abteilung 3:
Erwachende Narren – Fortgeschrittene

GRUNDMERKMAL: Du bist aus der größten Verwirrtheit deines Geistes heraus und du hast jetzt Tausende von Antworten auf die Frage, wer du bist. Aber du merkst, das allein stimmt auch nicht. Und du fragst dich immer mehr: Wer bin ich?

Du bist fasziniert von den unbegrenzten Möglichkeiten deines eigenen Seins. Du hast angefangen, die höheren Ebenen deines Bewußtseins kennenzulernen. Du bist platt, was für schöne Seiten in dir stecken. Aber auch geschafft über dich selbst. Denn mit jeder schönen Seite in dir kommt auch deine nächst tiefere Schattenwelt hoch. Du kennst dich überhaupt nicht mehr aus. Am liebsten möchtest du weg, ganz weit weg, oder ganz normal und dumm wie ein Anfänger sein. Das geht aber nicht mehr. Du bist auf der Achterbahn der Selbsterfahrung, und die geht nun mal hoch und runter. Festhalten, es geht weiter!

Heilige, Kosmische Narren

Der Heilige Kosmische Narr, er ist kein Narr, er ist der Weiseste der Weisen, der Heiligste der Heiligen und gleichzeitig nichts von heilig, köstliche Paradoxie oder Kosmischer Witz. Das ist seine Philosophie. Er, der heilige Narr, ist niemand anderer als Gott selbst auf Erden. Gott, der mit sich selber spielt. Der gelangweilt war von der ewigen Leere der weißen Leinwand. Gott, der sich vergessen ließ, wer er war. Und er inkarnierte nur so zum Spaß, weil es ihm langweilig war, immer in der Glückseligkeit zu sein. Er inkarnierte tausend mal als Mensch und machte alle Daseinsmöglichkeiten durch. Er verwechselte sich selbst mit den Menschen, bis er sich eines Tages durch Erleuchtung des Geistes wieder selbst erweckt.

Im Großen Kosmischen Lachen über sich selbst findet er das Nadelöhr zur Wieder-Heimkehr ins Paradies, und er erkennt sich als der Narr im eigenen Narrenspiel.

Triffst du einen heiligen Kosmischen Narren im Großen Kosmischen Lachen, dann halt dich fest, falls du vor Lachen noch was findest. Er, der Kosmische Narr, hat einen so göttlichen Witz, einen so doppelsinnigen Humor, daß du die Genialität des Kosmischen Bewußtseins spürst und völlig fasziniert bist von dieser unendlichen, humorvollen Intelligenz, die wir alle in uns verborgen haben.

Aus seinen Augen strahlt kosmische Glückseligkeit und Alliebe. Aus seinem Mund spricht ES, höchstes Wissen des genialen Kosmischen Bewußtseins. Er ist wieder am Allwissen angeschlossen. Er hat gelernt, über sich und alle Situationen des Lebens, in die er sich selbst hineinbrachte, zu lachen. Über dieses Lachen hat er selbst die Göttin Maha Maya, die Göttin der ganz großen Illusion und Verblendung, überwunden, die alle jene beherrscht, die die Welt und ihre Erscheinungsformen noch ernst nehmen.

Der größte Teil des Leidens ist jetzt vorbei. Er gehört jetzt zu den wenigen Menschen der Erde, die sich selbst das Buch des Schicksals über ihre eigene Existenz schreiben dürfen. Sein Karma ist hier zu Ende, und seiner ewigen Wiedergeburt auf Erden ist hier auch ein Ende gesetzt, falls er will.

Aber der Weg geht noch weiter, viel weiter ...

Seine Glückseligkeit

Er – Seine Glückseligkeit
der Heilige Kosmische Narr
er ist der Weiseste der Weisen
der Heiligste der Heiligen

und gleichzeitig nix von heilig
kosmische Paradoxie

Er ist die Vereinigung der Gegensätze
im Göttlichen Lachen über sich selbst

Er – der herrliche Kosmische Narr
ist das Glück
das glucksende Glück
das in unserem Herzen gluckst

und darauf wartet
von dir geweckt zu werden

Er ist die Liebe
das Lachen
die Demut und
das Licht

Er ist das NICHTS
Das Große NICHTS – was alles ist.

Aus diesem NICHTS
da schöpft er Paradoxie für Paradoxie
den Witz über sich
über dich und über die Welt der Universen
zur Auflösung seiner und deiner Glaubensmodelle

*Damit es auch für dich möglich ist
ans andere Ufer zu kommen
dort wo wir wirklich zu Hause sind*

*dafür schöpft er
aus seiner reichhaltigen Leere der Paradoxie
jenseits von Gut und Böse*

*Er – spielt dabei mit psychologischen
spirituellen
kosmischen und
göttlichen Paradoxien*

*Und er ist umwerfend dabei
total umwerfend*

*Wenn du ihn triffst, dann halt dich fest
an einem Stuhl
an einem Tisch
an einem Teppich*

*Du liegst ihm in Sekunden zu Füßen
vor Lachkrämpfen dich windend*

*Denn das ist sein Spiel
sein heiliges Spiel der Erlösung*

*Das Erleuchtungsspiel
von Mister oder Missis
Jolly Joker des Universums*

*Er – der über alles Erhabene
Kosmische Narr
ruft jetzt mit seinem Fahrzeug
des Großen Kosmischen Lachens
seine Garde*

*die Regenbogen-Garde
der Kosmischen Glückseligkeit*

Erleuchtet zu sein, heißt »ES« zu sein

Und das ist *Glücklichsein*
ist *Lachen*
ist *Liebe*
Nichts verstehen
Nichts wissen
ein *Nichts* zu sein
ein *Nichts*, was *Alles* ist

heisst, die Ernsthaftigkeit überwunden zu haben

wieder *Kind*
Weise
ein Kosmischer *Narr*
wieder heilig geworden zu sein

Der zu sein
der du bist
den es nicht gibt

das heißt, erleuchtet zu sein

– und wer hält das schon aus?

Das ist der einzige Grund,
warum es so wenig Erleuchtete gibt.

Das Narrenspiel mit dem »weil«

»*Weil*« ist das Narrenspiel der Dualität, uns wie eine Spinne im Spinnennetz der eigenen Vorstellungen hin und her laufen zu lassen und uns in diesem System gefangen zu halten. »*Weil*« sind die Querbalken des Spinnennetzes. Dadurch erscheint uns das Leben als logisch, was es aber nicht ist.

Das Leben ist paradox

Hier ein Spiel zur Aufdeckung des Glaubens an unser »*weil*«, das du mit deinen Freunden in einer bunten Runde spielen kannst, aber ihr müßt gewissenhaft auf der Suche nach der Wahrheit sein.

Übung 1:
- Jeder schreibt einen negativen Glaubenssatz von sich und die dazugehörige Begründung auf, zum Beispiel:
  Ich komme immer zu spät, weil ich keine Zeit habe.
  Ich bin aggressiv, weil ich mich angegriffen fühle. Usw.

- Je mehr Glaubenssätze mit »*weil*«, um so interessanter wird das Spiel.

- Jetzt tauscht die »*Weil*«-Sätze, und es ergeben sich daraus scheinbar sinnlose Aussagen, wie zum Beispiel:
  Ich komme immer zu spät, weil ich mich angegriffen fühle.
  Ich bin aggressiv, weil ich keine Zeit habe.

- Und jetzt prüfe innerlich nach, ob dieses »*weil*« auch eine Wahrheit zu deinem Glaubenssatz ist.
  Die »*weil*'s« sind immer austauschbar.

Spiel dieses Spiel gründlich und mindestens ein bis zwei Stunden, und

es geht dir das Narrenspiel des Glaubens auf

ÜBUNG 2:
- Jetzt nehmt positive Glaubensmodelle, z.B.:
  Ich bin eine schöne Frau, weil ich Wert auf mich lege.
  Ich bin ein fleißiger Mensch, weil ich im Leben etwas schaffen will.

- Und nun tauscht wieder die *Weil*-Sätze:
  Ich bin eine schöne Frau, weil ich im Leben etwas schaffen will.
  Ich bin ein fleißiger Mensch, weil ich Wert auf mich lege.

Ihr werdet die Erfahrung machen, daß diese »weil's« ebenso austauschbar sind und eine Wahrheit haben. Jetzt kommt der erste Moment, wo du den hohen Wert dieser Botschaft erkennen wirst:

NICHT ZU GLAUBEN, WAS WIR GLAUBEN, IST DAS NADELÖHR ZUR GEISTIGEN FREIHEIT VON SICH SELBST.

Wenn alle »weil's« austauschbar sind, dann bin ich mit meinem »weil« nicht glaubwürdig. Nach diesem Spiel wirst du nur noch lachen können, wenn du dich wieder einmal sagen hörst: »*Ich kann das und das nicht, weil ...*
»Weil« ist das Narrenspiel mit sich selbst, um wie eine Spinne im Spinnennetz des eigenen Systems gefangen zu bleiben.

ÜBUNG 3:
- Jetzt wechselt ihr ab; der erste hat ein negatives Programm mit »weil«, ein anderer ein positives, und ihr tauscht die »weil's«.

- So kommt ihr zur humorvollen paradoxen Wahrheit; es ergeben sich etwa folgende Sätze:
  Ich komme immer zu spät, weil ich Wert darauf lege.
  Ich bin aggressiv, weil ich in meinem Leben etwas schaffen will.
  Ich bin eine schöne Frau, weil ich mich angegriffen fühle.
  Ich bin ein fleißiger Mensch, weil ich keine Zeit habe.

Nicht immer, aber oft ist die humorvolle paradoxe Wahrheit genauso richtig wie die duale Wahrheit.

Das Narrenspiel mit den »anderen«

Die »anderen« ist niemand anders als wir selbst

Die »*anderen*« ist der uns unbewußte Teil unseres Bewußtseins, den wir außen gespiegelt bekommen. Die Wahrheit ist, daß wir immer nur ein Gespräch der innerlichen und äußerlichen Kommunikation geführt haben:

Das Gespräch mit uns selbst

Wenn wir sagen: »*Ich will ja, aber die anderen lassen mich nicht*«, so ist das bereits ein Kosmischer Witz, der viel Komik zu bieten hat. Hier ein einfaches Beispiel zur lachenden Selbsterkenntnis dieses Glaubenssatzes:

- »*Ich will mich weiterentwickeln, aber die anderen sind dagegen.*« (Jetzt kommt der Beweis: … weil meine Frau, meine Freunde, etc. …)

Das Narrenspiel des dualen Denkens funktioniert so: Entwickeln wir den Willen, uns weiterzuentwickeln, dann sind wir als Schöpfer dieses Willens in der Dualität auch gezwungen, den anderen Willen mitzuschöpfen, »*Ich will mich nicht weiterentwickeln.*« Dieser Satz ist uns aber nicht bewußt und damit eine Schöpfung für das Unbewußte, ihn nehmen wir nicht zur Kenntnis. Er ist für uns nicht existent. Er lebt also im Schatten unseres Glaubens (Schatten der Psyche).

In der Dualität schöpfen wir mit jedem Glaubenssatz auch den Antiglaubenssatz. Oder im Falle eines negativen Glaubenssatzes auch den positiven. Dann geht der positive Glaubenssatz in den Schattenbereich der Psyche ein oder wird von den »anderen« gelebt.

Da wir noch keinen festen Beschluß gefaßt haben – das würde uns des nun kommenden Machtkampfes entheben – beginnt jetzt die innerliche und äußerliche Kommunikation mit dem Anteil in uns, der stärker ist.

- 1. Ich will mich weiterentwickeln.
- 2. Ich will mich nicht weiterentwickeln.

Punkt 2 nennen wir: Die »anderen« lassen mich nicht.

Genaugenommen läßt uns jetzt unser Schatten, von dem wir nicht wissen, daß wir ihn geschöpft haben, den wir aber nach außen auf *die anderen* verdrängen, nicht weiterentwickeln. Ja, wir suchen den einen, der uns nicht läßt und an dem machen wir unsere Geschichte fest. Mit dem kämpfen wir oder unterwerfen uns, je nachdem, welche Struktur wir zur Verfügung haben, mit Macht umzugehen.

Das ist die Ursache der Kriege,
die Ursache von Streit und Zank ohne Ende

Der Witz ist, daß wir der Schöpfer der »anderen« sind und diese durch unsere non-verbale Kommunikation (der Klang der Stimme, Körperhaltung, Atmung, Kopfbewegung etc.) auf die Palme holen, uns Kontra zu geben, damit wir recht haben mit unserem unbewußten Glaubensmodell, daß wir uns nicht weiterentwickeln können. Das unbewußte Glaubensmodell ist meistens stärker als das bewußte.

Und »schuld« sind die »anderen«
So ein Witz, unsere Psyche!

Jeder läuft herum und hat etliche Kostüme, die er den »anderen«, überstülpt. »*Sei du für mich meine Königin, meine Heilige, die die Macht über mich hat, oder der Idiot, für den ich dich halte.*« Während die »*anderen*« uns gerade ihr Kostüm umlegen, in dem wir für sie spielen müssen. Nur waches Bewußtsein kann uns da herausholen.

Wenn wir uns unsere Schatten angeschaut und in unseren bewußten Willen transformiert haben, gibt es außen das Problem nicht mehr, und der Machtkampf hat ein Ende.

*Die »anderen« ist das perfekte Narrenspiel mit uns selbst,
uns nicht auf die Schliche zu kommen,
daß wir die Schöpfer nicht nur unseres Lebens,
sondern auch der Umwelt um uns herum sind.*

Hier wird klar, daß die Selbsterlösung nur über die Bewußtwerdung unseres Schattens gehen kann. Aber auch ein anderes Gesetz zeigt sich hier:

ÄNDERE ICH MICH
durch Änderung meiner unbewußten Glaubensmodelle,
ÄNDERT SICH MEINE UMWELT

Dieses Narrenspiel der »*anderen*« ist das System, nach dem die ganze Erde funktioniert.

Das nennt der lachende Lichtpfad
DAS GROSSE WELTENDRAMA UM NICHTS

Und wir, die wir auf der paradoxen Suche nach uns selbst sind und unser kleines Weltendrama um NICHTS suchen,
uns gibt diese Suche nach uns selbst so viel Witz und Komik her, daß wir bis ans Lebensende Stoff haben, herzhaft über uns und unsere Wichtigkeit zu lachen.

Das Narrenspiel mit uns selbst

Wer das Narrenspiel mit den »*anderen*« jetzt durchschaut und erkannt hat, »*daß es immer nur ein Gespräch mit uns selbst gab*«, der darf jetzt auch noch weiter gehen, mit oder ohne Socken, aber nicht mit zwei normalen Socken. Für die nächste Erkenntnisstufe brauchen wir schon eine dicke Portion Humor. Denn die höchsten Erkenntnisse von uns selbst sind so ungeheuerlich, schenken uns so unser Narrenspiel mit uns selbst ein, daß wir sonst die Wahrheit nicht anerkennen würden, wenn sie nicht liebevoll oder

im Witz über uns selbst gereicht wird. Da trotzen wir auch der höchsten Erkenntnis und fahren an ihr Rache, wenn es nicht in unser System des Glaubens paßt.
Du weißt jetzt schon, wer die »*anderen*« sind, die deine Weiterentwicklung nicht zulassen.

Weisst du auch schon, mit wem du Streit führst?
Genau, wir führen den Streit mit uns selbst in unserer inneren Kommunikation, und wenn sie fertig ist und wir fix und fertig sind vor soviel Gemeinheit, die uns da gerade in unserem Kopf herumspukt, dann suchen wir den nächsten, dem wir das Kostüm des »*Streits*« überwerfen, und dann verwickeln wir ihn in das Gespräch, das wir gerade mit uns selbst geführt haben, oder du wirst Opfer eines solchen Streitgespräches, das der »*andere*« gerade mit sich geführt hat.

Weisst du, wer dich verletzt? – Du selbst.
Wir hören auf Erfahrungen und alte Verletzungen, während die »*anderen*« etwas völlig Anderes gesagt oder getan haben. Wir laufen blind und taub wie jeder andere, der noch nicht an seinem Bewußtsein gearbeitet hat, durch die Welt und suchen den, der uns verletzen kann. Und da fühlen und hören wir, was unser Schatten uns zu fühlen und zu hören zwingt. Von »*nicht liebenswert*«, über »*dumm und überheblich*« bis »*unfähig*«, eine breite Palette steht uns zur Verfügung. Und »*andere*« fühlen sich von dir verletzt und üben vielleicht sogar Rache an dir, weil sie etwas von dir gehört haben, was du so nie gesagt hast. Das kennst du, das ist die Ursache für Streit und Intrigen.

Hast du es schon, wer dich verletzt?
Wir selbst rennen in einer Geschwindigkeit, daß einem Hören und Sehen vergeht, von Trauma zu Trauma. Dabei fügen wir uns auf unsere alten Verletzungen noch mehr Verletzungen zu, bis wir völlig am Verbluten sind. Oder wir mauern unsere Gefühle völlig zu, damit wir emotional nichts mehr mitbekommen von dieser Welt (... leider auch keine Liebe mehr).

Unsere Verletzungen,
das machen wir alles mit uns selbst

Wir integrieren die Verletzungen in unsere Psyche, um mit unseren unbewußten oder bewußten Glaubensmodellen recht zu haben. Alles, was nicht in unsere bewußten oder unbewußten Glaubensmodelle gehört, hören wir nicht oder nehmen wir nicht ernst. Diesem System müssen wir so lange hinterherlaufen, bis wir unsere Verletzungen mit Bewußtseinsarbeit transformiert oder durch Arbeit mit Paradoxien ins Nicht(Licht)-Bewußtsein gelöscht haben.

Weißt du, wer deine Gefühle macht?
Du selbst.

Weißt du, wer dein Schicksal schreibt?
Du selbst.

Weißt du, wer dich sabotiert oder dir weiterhilft?
Du selbst.

Wir machen alles mit uns selbst
So ein Narrenspiel, unsere Psyche,
das spielen wir alles mit uns selbst.

Wir spielen alles, alles mit uns selbst und benutzen die »anderen« als Mitspieler unseres Stückes, während die uns gerade für ihr Stück benutzen.

Who is Who im doppelten Narrenspiel der Partnerschaft?

Wenn du uns bis hierher gefolgt bist und die Themen »*Der seitenverkehrte Spiegel*«, »*Der parallele Spiegel*« und »*Das Narrenspiel mit den anderen*« aufmerksam gelesen hast, wirst du jetzt natürlich fragen:

Was ist Partnerschaft?
Ein Double-Narrenspiel der Dualität.

Jeder überträgt wechselseitig Licht und Schatten auf den anderen, und es ist nach langjähriger Partnerschaft nicht mehr zu erkennen, »*Who is who im Narrenspiel der Partnerschaft*«. Beide stellen bewußte und unbewußte Forderungen an den Partner.

GEGENSEITIGE FORDERUNGEN HEISSEN UNGEFÄHR SO:
PARTNER A: Lebe du für mich den starken Mann (starke Frau), den (die) ich mir nicht erlauben würde. Dafür bewundere ich dich. Aber dafür verachte ich dich auch, wie mich selbst, sonst würde ich diese Rolle ja selbst übernehmen.

PARTNER B: Sei für mich der, den ich pflegen und umsorgen kann, dann fühle ich mich gebraucht. Aber ich werde dich für dein Hilflos-Sein auch verachten. Denn das würde ich mir nie erlauben.

Das könnte ein Pärchen sein, ist es auch. Nur haben sie nicht *ein* Narrenspiel miteinander, sondern *unzählige*. Das zu durchschauen, wer gerade wessen Glaubensmodell übernimmt, erfordert harte Arbeit an sich selbst und ist ein weiter Weg der Selbsterkenntnis, um irgendwann einmal aus diesem gordischen Knoten von Beziehung *das Ich im Du und das Du im Ich*, eine gleichberechtigte Partnerschaft, entstehen zu lassen.

Erwachte sagen: Es ist leichter, die Erleuchtung des Geistes zu erreichen, als eine Partnerschaft hinzubekommen. Das geht vom

System der gegenseitigen Übertragung des Schattens und des Lichtes her nicht. Für diese Übertragung lieben und hassen, verehren und erniedrigen wir den Partner.

Partnerschaft ist nicht dafür da, daß sie klappt. So wie sie läuft, das ist es, was man das Klappen einer Partnerschaft nennen kann.

PARTNERSCHAFT ODER BESSER BE-ZIEH-UNG IST DAFÜR DA, DASS DAS WELTENDRAMA UM NICHTS IN GANG BLEIBT.

Diese Antwort tut weh, aber sie hat auch einen Witz. Und wir wollen dich auch nicht entmutigen. Versuch es halt mit Humor. Das einzig wirklich Gute, was man doch noch aus einer BE-ZIEH-UNG machen kann, außer Kinder zu kriegen, ist, beide gehen gemeinsam den Weg der seelischen Höherentwicklung und der Bewußtseinswandlung. Dann wird die Partnerschaft zum Forschungsprojekt der eigenen Selbsteroberung. Die faszinierendste und spannendste BE-ZIEH-UNG deines Lebens beginnt. Ihr erwacht im Laufe der Jahre von einer BE-ZIEH-UNG zur echten gleichberechtigten Partnerschaft. Über das Wachwerden der gegenseitigen Licht- und Schattenübertragung kannst du deine eigenen Glaubensmodelle des Unbewußten erfahren.

Je weiter ein Paar den Weg der seelischen Höherentwicklung geht, umso mehr Liebe und Leichtigkeit kommt in die BE-ZIEH-UNG, aber auch mehr Wachheit. Und Wachheit bringt sehr viel, auch an Änderung. Denn das Paar setzt jetzt alles daran, seine Partnerschaft zu entleiden. Wenn beide wollen, kann man ein großes Stück Karma miteinander aufarbeiten, und jeder einzelne für sich kommt zur Selbstverwirklichung. Die Partnerschaft gewinnt an Freiheit, an Liebe und an Harmonie. Aber sie wird auch eine viel größere Herausforderung als vorher.

BE-ZIEH-UNG oder Partnerschaft ist das Narrenspiel mit uns selbst, wo wir in den einen Menschen, der uns fortwährend zur Verfügung steht, unser ganzes Universum, was wir sind, hineinprojizieren. Und der Partner projiziert in uns sein ganzes Universum, was er ist, hinein. Wie soll man da erkennen, who is who im doppelten Narrenspiel?

Geht eine Partnerschaft den Weg des Humors und des Witzes, dann gibt Partnerschaft soviel Komik des Lebens her, daß mehr Lachtränen als traurige Krokodilstränen fließen.

Es gibt verschiedene Formen von Zweierbeziehungen

KARMAPARTNER

Karmische Beziehungen sind geprägt durch ein leidenschaftliches (Leiden-schaffendes) Gefühl für den anderen. Starke Anziehung und starke Ablehnung wechseln häufig und haben wenig mit Liebe zu tun – sondern mit der Sogwirkung von geschehenen Ursachen früherer Leben. Das einstige Kampfgeschehen mit Waffen oder um Besitz findet heute seine Fortsetzung im Bett. Entsprechend kämpferisch und demütigend gestaltet sich dann oft Sexualität. Man drängt sich gegenseitig so lange aus der Mitte, bis es zu Gefühlsäußerungen, -absichten oder -taten kommt, die sich keiner hätte vorstellen können. – Wohlgemerkt: im Wachbewußtsein nicht hätte vorstellen können. Aber wir reagieren aus dem zeitlosen Gefühlsspeicher Unterbewußtsein.

Alle scheinbare Tragik, die hinter karmischen Beziehungen liegt, bis hin zu Mord und Selbstmord, müßte nicht sein, wenn die Menschen im Partner die Lernaufgaben erkennen würden, die sie wieder zusammengeführt haben. Sind diese erkannt und gelöst, trennen sich Karmapartner meist ebenso schnell wieder, wie sie sich einst magnetisch angezogen haben. 80% aller Fälle in der Therapie sind karmische Beziehungen, die erkannt und gelöst werden wollen, damit beide in der Bewußtwerdung vorankommen.

Erst Karma-Auflösung ermöglicht uns ein Vorwärtsschreiten im Bewußtsein. Deshalb sollten karmische Partnerschaften erkannt und ernsthaft aufgearbeitet werden. Auch wenn sie sich noch so festgefahren äußern.

DUALPARTNER

Sie sind der Widerstreit von zwei entgegengesetzten Kräften. Sie gehören zur gleichen Wurzel und haben die gleiche Energie, weshalb wir sie auch Zwillingsseelen nennen. Aber sie haben sich beide polar von der verbindenden Mitte entfernt. So wie Hitze und Kälte vom Nullpunkt. Typisches Kennzeichen von Dualpartnern ist, daß beide häufig das Gegenteil wollen. Einer will arbeiten, der andere faulenzen. Einer will im Urlaub an die See, der andere in die Berge. Einer ist sparsam, der andere verschwenderisch.

Die geistigen Kräfte, die beide verbinden, sind zwar stark und fühlbar, aber auf der sichtbaren Ebene gibt es unendlich viele Unterschiede. Das führt zur ständigen Reibung bei Uneinsichtigkeit. Klares Ziel und Aufgabe von Dual-Partnerschaften heißt »*gemeinsam in die Mitte zu kommen – und alle extremen Haltungen loszulassen*«.

In der Praxis muß also wenigstens einer seinen polaren Standpunkt verlassen, um eine Einigung zu erzielen. Jeder Dualpartner braucht den anderen zur persönlichen Entwicklung und zum Wachstum, weshalb alle Kämpfe vergeudete Energie sind. Je enger und bewußter die Dual-Verbindung ist, umso besser können sich beide helfen, in eine eigene Ganzheit zu kommen.

Dualpartner entsprechen dem Polaritätsgesetz, wonach »alle Widerstände miteinander in Einklang gebracht werden können«. Das geht natürlich nur, wenn beide aufhören zu unterscheiden und zu trennen – statt zu dienen, loszulassen und anzunehmen. Dualpartner müssen das DU und das WIR lernen, um darüber das ICH zu verstehen.

»*Akzeptiere deinen Partner und seine Entscheidungen, seinen Weg und sein Leben. Lebe aus der Liebe und nicht weiter aus den Umständen*«, erfuhr eine Dualpartnerin als Lernaufgabe von ihrem Höheren Selbst bei einer Rückführung.

Viele Dualpartner kämpfen heute auf der Bewußtseinsebene miteinander. Hier Spiritualität und Selbsterkenntnis – dort Materialismus und Ego-Dominanz. Beziehung ist stets eine Herausforderung und sollte als solche – aufrichtig und bewußt – ohne Messerschleifen an-genommen werden.

LERNPARTNER

Sie helfen freiwillig, unsere gewählten Aufgaben für diese Inkarnation besser zu erledigen. Wir können ihnen begegnen als Eltern- oder Geschwisterteil, als guter Freund oder als Partner. Der Lernpartner »*dient*« und »*fördert*« selbstlos, damit der andere seinen Weg gehen kann.

SEELENPARTNER

Bis sich Mann und Frau in einer Seelenpartnerschaft begegnen können, üben sie lange in vielen Rollen – in verschiedenen Leben – miteinander. Solange, bis sie ihr Selbst gefunden haben und miteinander reif geworden sind für eine spirituelle Beziehung.
  Seelenpartner erfüllen Entwicklungsaufträge auf der Erde. Dazu benötigen sie die partnerschaftliche Energie, Harmonie und Liebe, um etwas Wichtiges für die Gemeinschaft zu schaffen. Zur Zeit finden sich besonders viele Seelenpartner für die künftigen Menschheitsaufgaben. Seelen- oder auch kosmische Partner müssen kein Revue-Paar sein. Oft ist sogar ein großer Alters-, Sozial- oder Rassenunterschied vorhanden. Aber beide können miteinander ihr eigenes Potential voll entdecken und leben lernen.
  Uns wird immer wieder in Seminaren von Partnern nach sogar zehnjähriger Ehe berichtet: »*Gesehen hab ich meinen Partner erst in den Seminaren. Ich war ja völlig blind für ihn.*«

(Aus der Zeitschrift »Die andere Realität«:
»Der kosmische Plan: Partnerschaft« von Hannelore Knöpfler)

Ja, das ist die Wahrheit. Wir sehen nur uns selbst im anderen. Und erst Bewußtseinsarbeit macht es möglich, daß wir unsere Projektionen auf ihn zurücknehmen und dann erst beginnen wir, den anderen zu sehen, wie er ist.

Der PERFEKTE Partner

Nach einer langen Weltreise trifft Nasrudin seinen alten Schulfreund.
Der Freund: *»Hallo Nasrudin. Das ist ja toll, daß ich dich treffe. Na erzähl, warst du erfolgreich auf deiner Suche nach der perfekten Frau?«*
Nasrudin: *»Naja weißt du, ich war mein Leben lang auf der Suche nach der perfekten Frau. 20 Jahre lang hab ich sie gesucht. Ich suchte in Mailand, in Deutschland, in Holland, in Thailand, in Japan, sogar in China. Wo hab ich sie überall gesucht! Dann, eines Tages, da stand sie vor mir, die perfekte Frau, auf der Rue la Fayette in Paris! Sie war wirklich perfekt. Wie sie ging, wie sie sprach. Alles war perfekt an ihr. Ich hatte sie endlich gefunden.«*
»Und«, fragt der Freund, *»hast du sie geheiratet?«*
»Nein«, sagt Nasrudin, *»sie war auf der Suche nach dem perfekten Mann.«*

Narrenspiel-Test für den Hausgebrauch:

Beantworte die Fragen so ehrlich wie möglich, und du findest den Witz darüber auf den Punkt. Nimm dir Bleistift und Papier und finde zu jeder Frage 5 Beispiele deines Lebens. Du glaubst dir womöglich nicht, wenn du nicht aufgeschrieben hast, was du da erkannt hast. Und jetzt viel Spaß bei der lachenden Selbsteroberung!

1. WO SABOTIERE ICH MICH SELBST?
   Und wie erkläre ich die anderen dafür für schuldig?
   Und der Witz dazu?

2. WONACH HABE ICH SCHON IMMER SEHNSUCHT GEHABT?
   Mit welchen Glaubensmodellen erlaube ich mir aber die Erfüllung dieser Sehnsucht nicht?
   Und der Witz dazu?

3. WAS HABE ICH MIR SCHON IMMER GEWÜNSCHT?
   Und mit welchen Glaubensmodellen habe ich es geschafft, es bis heute nicht zu bekommen?
   Und der Witz dazu?

4. WOFÜR BRAUCHE ICH RUHE UND HINGABE, DAMIT ICH MICH WOHLFÜHLEN KANN UND GEDEIHE?
   Und was tue ich alles, um mir keine Zeit nehmen zu können, damit das geschieht?
   Und der Witz dazu?

5. WONACH SCHREIE ODER WEINE ICH INNERLICH LAUTLOS?
   Und wie laufe ich davor weg, wenn es kommt?
   Und der Witz dazu?

6. WO SEHNE ICH MICH NACH DEM GLÜCK?
   Und laufe vor ihm davon oder zerstöre es, wenn es in mein Leben kommt?
   Und der Witz dazu?

7. **Was ich haben will,**
   aber ablehne, wenn es kommt (Ich bin es nicht wert).
   Und der Witz dazu?

8. **Wo ich um Anerkennung ringe,**
   mich oder den anderen aber herabsetze, wenn sie kommt.
   Und der Witz dazu?

9. **Wo ich verblute vor Sehnsucht nach einem Partner,**
   wenn er aber kommt, an ihm sofort etwas auszusetzen habe.
   Und der Witz dazu?

10. **Wo ich den Menschen hinterherlaufe, die mich ablehnen,**
    um andererseits die Menschen abzulehnen, die mich lieben.
    Und der Witz dazu?

Die Gruppe singt in Nonsensversen den Witz über die eigene Psyche

Lach & Chaos

»live«

Der Sockenaltar

Es sprach der Erhabene:

»Die ganze Schöpfung
ist ein einziges Wunder!«

Lach & Chaos:
»Wir auch, Chef!
Wir auch!«

»Nein, ihr nicht,
nur die ganze Schöpfung
und damit basta!«

Avatara Devi

Unsere Jolly Joker

Bei LACH & CHAOS heißen alle, dem Chef zu Ehren, Jolly Joker, damit wir im spontanen Hier & Jetzt wissen, wie jeder Einzelne heißt. In einem unserer Seminare kamen AVATARA DEVI und Djuvi abends um acht Uhr auf die geniale Idee, die Gruppe eher zu beenden, weil sie müde waren. Unter glaubhaften Augenlidern zogen sie ins Bett.

Als DEVI und Djuvi im Bett saßen, fielen ihnen die schönsten neuen Blödellieder für die Gruppe ein und sie sangen Lieder zu Ehren der Narrheit dieser Welt.

Ein Vers ergab den anderen, und als die Energie am höchsten stand, es war inzwischen schon zwei Uhr morgens, zog DEVI aus dem Zimmer aus und Djuvi schlief tief und fest ein.

Nach einer Stunde erschien DEVI mit fünf Gruppenteilnehmern in Djuvi's Zimmer. Gemeinsam sangen sie Djuvi aus dem Schlaf. Alle Blödellieder hoch und runter.

Von »*Heidi*«, »*Oh, was ist die Welt so schön*« bis zu »*Biene Maja*«, und das in allen Ton- und Gefühlslagen, mal durch die Zähne flitschend, mal rückwärts, mal mit Wasser im Zahn, bis Djuvi sagte: »*Gut, ich habe verstanden.*«

Sie stand auf, nahm die Musikinstrumente, und los ging es, von Schlafzimmer zu Schlafzimmer der Seminarteilnehmer, mit dem herrlichen Gesang von »*It's a special joke ...*«.

Und immer und immer wieder, bis wir über alle Bettdecken hinaus getanzt waren, und alle 25 Seminarteilnehmer verstanden hatten, worum es hier geht: Wach werden, aufstehen, mitmachen. Mittlerweile war es vier Uhr morgens, und da saßen wir wieder glücklich vereint in der Runde im Gruppenraum im Schlafanzug und alle waren quietschwach.

Das war der Moment, wo Djuvi völlig erwachte und zu spielen anfing. Sie sagte:

»AVARA DEVI ich, wir wollten euch nur sagen, daß wir noch nicht eingeschlafen waren. Aber jetzt sind wir müde und wollen ins Bett.«

Dabei bog sie sich vor Lachen. Dann setzten DEVI und Djuvi wieder ihren Schlafzimmerblick auf und tappten völlig schlaftrunken ins Bett. Sie versanken in einen tiefen Schlaf.

Als eine Stunde später die Tür aufging und 25 Jolly Joker im Schlafanzug mit fünf Musikinstrumenten, Schlagzeug, Rasseln und Gitarre sich in ihr Zimmer schlichen und so laut wie möglich aus allen Ecken und Kehlen grölten:

»It's a special joke ...«

Da erkannten DEVI und Djuvi, was Karma ist.

Und morgens am Frühstückstisch saßen 25 quietschwache, vor Freude jubelnde Seminarteilnehmer. Nur zwei waren fix und fertig und völlig verhauen.

Und die hießen AVATARA DEVI und Djuvi und waren die Gruppenleiter.

Was heißt hier scheinheilig?
Das ist echt!

Ihr seid Spitze

Eines Tages kam Jolly Joker zu uns ins Zentrum. Eine herrlich komische Nummer des Universums. Was hatten wir für einen Spaß mit ihm. Was haben wir mit ihm unser Leben nach dem Gesichtspunkt von »*haarscharf daneben*« auseinander und wieder zusammengepflückt. So daß wir manche Stunde auf die Knie gingen und die Lachtränen nur so über das Gesicht liefen, bis wir kein Klopapier mehr hatten, die Tränen abzuwischen. Und wir mußten schon die Ärmel nehmen. Aber dann kam der Klebeabschied und es flossen wieder Tränen. Dieses Mal keine Lachtränen mehr, sondern mehr von der Sorte »*trauriges Krokodil*«.

Und seine letzten Worte waren: »*Ich find euch Spitze. Ich find euch so Spitze. Wenn ich euch nur sagen und zeigen könnte, wie ihr Spitze seid.*«

»*Danke, gleichfalls*«, weinten DEVI und Djuvi zurück.

Schneuzten sich in die Ärmel und zogen sich – dem Schicksal schmollend – ins Bett zurück, ob der Ungerechtigkeit dieser Welt, daß wieder einmal ein Jolly Joker von ihnen gehen mußte und sie bitter verlassen waren.

Sechs Wochen später bimmelte es Sturm. Jolly Joker stand mit einem riesigen Paket in der Tür. Knutsch, Knutsch. »*So,*« sagte er, »*jetzt zeig' ich es euch. Gebt mal ein Metermaß her!*« Knutsch. Dann öffnete er den Karton, nahm das Metermaß und fing an abzumessen.

»*Ich finde euch ... 1 Meter Spitze, ... 2 Meter Spitze, ... 3 Meter Spitze, ... 4 Meter Spitze, ... 5 Meter Spitze*«

Dabei hob er die schönsten Spitzen dieser Welt aus dem Karton, in den herrlichsten Farben.

Weiter gings: »*Ihr seid 15 Meter Spitze, ... 26 Meter Spitze, ... 58 Meter Spitze ...*«,

es nahm kein Ende, ...«*103 Meter Spitze, ...*« dann hatte er es geschafft:

108 HEILIGE METER SPITZE.

Und aus glucksenden Glücksaugen sahen wir uns an und waren endlich einmal sprachlos.

Nur – was machen wir jetzt mit 108 heiligen Metern herrlichster, teuerster Spitze?

Am besten ist, wir verschenken sie in unseren Seminaren: 5-cm-weise an die, die wir auch Spitze finden.

Aber um bei Lach & Chaos eine Spitze zu bekommen, da mußt du, lebendig lachend, über deine Grenzen gehen. Über deine Grenze von »*ich will nicht*«, »*ich bin jetzt müde*«, »*mit mir nicht*«. Wenn du dein »Nein« zum Leben auflöst, gelangst du zur Lebendigkeit und Spontanität in dir.

Und das spüren wir, wenn du da durchgehst, ... da liegt Energie drauf, wenn du aus deinem Totsein im Leben zum Leben erwachst.

Dann feuert dich die Gruppe an: »*Du bist Spitze, Spitze, Spitze, Spitze.*« Und du wirst staunen, was du für Energie hast, an Lebendigkeit, Kreativität und Humor, die da in dir auf dich wartet, von dir entdeckt zu werden.

»Ne«, wirst du hinterher sagen, »*das hätte ich mir nie von mir vorstellen können, daß ich so lebendig sein kann und soviel Freude in mir habe.*«

Aber unsere Lieblingsgruppe, die Jolly Joker, die sind so Spitze, die haben sich auch 108 heilige Meter Spitze gekauft.

Und wenn das Seminar beginnt, dann stellen sie den Karton in die Mitte des Raumes und sagen zu Avatara Devi und Djuvi: »*Die verteilen wir auch 5-cm-weise an euch. Aber nur, wenn ihr über eure Grenzen geht ... und immer bessere und genialere Ideen findet für unsere Gruppe.*« Und dabei grinsen sie breit, so breit über das ganze Gesicht, als hätten sie keine Ohren.

Abstottern

Aus unserem Gruppenleben

Es schrieb uns nach Bali, wo wir uns auf eine einsame Insel zurückgezogen hatten, um unser Buch zu schreiben, Jolly Joker. Ein herrliches Exemplar von Komik, der durch unsere Seminare auf sein Talent kam, Schauspiel, Pantomime und Komik zu studieren. Er schrieb uns: »*Leider kann ich zur Ostergruppe nicht kommen. Ich habe alles Geld verbraten.*«

Wir schrieben zurück: »*Das geht nicht, wir haben uns so an dich gewöhnt. Ohne dich ist alles halb so schön. Du kannst die Gruppe ja abstottern.*«

Die Ostergruppe begann und Jolly Joker eröffnete: »*I-I-ch wo-wo-wo-wollte Eu-Eu-Euch nun nun nur sa-sagen, da-da-daß i-i-ich die Gru-Gru-Gru-Gruppe a-a-a-abstotter-n m-m-m-muß. De-De-DEVI u-u-u-und Dj-Djuvi ha-ha-haben mi-mi-mi-mir ge-ges-ges-geschri-geschrieben, we-wenn i-ich d-di-di-die Gruppe a-a-abst-absch-abstotter, da-da-dann kri-krieg ich s-sie u-u-um-umsonst.*«

Dabei setzte er das herrlichste seiner komischen Gesichter auf und strahlte uns wie ein Maikäfer aus allen Facetten seiner Leuchteaugen an.

Avatara Devi und Djuvi und die ganze Gruppe fielen in das Lachen, und unter Lachen stotterte Djuvi zurück:

»*O-o-o-okay, w-w-weil du-du-du d-d-den W-W-Witz d-d-de-des H-Ha-Ha-Hauses i-i-im kl-kl-kleinen F-F-Fi-Fi-Finger ha-ha-hast, u-u-u-und w-wegen O-Ori-Origi-Originalität sch-schen-schenken w-wi-wir d-dir d-das Se-Se-Seminar. A-A-Aber, d-du m-mu-mußt d-d-dich dr-dr-dran ha-ha-halten, so-so-sonst wa-wa-war's d-d-das.*«

»*O-O-O-Ok, d-da-da-das wi-wir-wird m-mir e-e-eine Fr-Fr-Freude s-s-sein, eu-eu-euch d-d-die O-O-Ohren v-v-voll u-und a-a-ab zu-zu-zust-st-stot-stottern. Bi-bi-bis i-i-i-ihr s-s-s-sagt: Hö-hö-hö-hör b-bi-bi-bitte bi-bitte a-a-a-a-au-auf.*«

Und dabei strahlte er mit seinen Maikäferaugen ... Aber der Trick zählt nur einmal ...

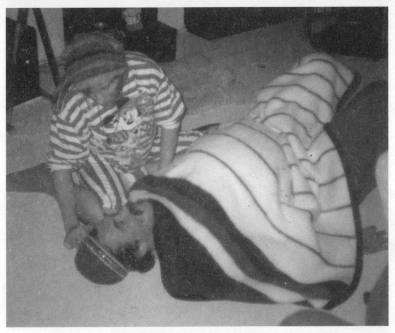
Zwei schwangere Männer in der Entbindungsklinik

Seminarende

Manchmal, da haben unsere Seminare einfach kein Ende. Dann schreitet AVATARA DEVI zur letzten Ressource. Sie nimmt einen Besen und fegt die Seminarteilnehmer raus:

>»Kinder des Lachens,
>des Jubels und der Weiterentwicklung,
>jetzt geht aber endlich weiter.
>Das Seminar ist schon seit zwei Tagen vorbei
>und ihr lacht euch hier immer noch schief.
>
>Das ist schließlich mein Beruf.
>Und wie komm' ich vom Lachen wieder runter?«

Und dann singen sie gemeinsam unseren Gruppensong:

Hinaus, hinaus, darüber hinaus. Über alle Grenzen hinaus,
in den Quantensprung (oder zur Erleuchtung).

Nur, dieses Mal singt es AVATARA DEVI nach neuester Eingebung:
Hinaus, hinaus, darüber hinaus, über meine Schwelle hinaus,
zur Beleuchtung.

Manchmal haben wir Glück und es klappt. Aber in ganz hartnäckigen Fällen müssen wir zu härteren Maßnahmen greifen. Dann zieht sich Djuvi am hellichten Tag einen Schlafanzug an, gähnt unverschämt in der Küche rum und spielt damit »*Gruppe rausschmeißen*«.

Das letzte Mal, als wir das ausprobierten, da ging es schief: Sie zogen sich alle einen Schlafanzug an und spielten mit »*Gruppe rausschmeißen*«.

Aber dann gingen AVATARA DEVI und Djuvi einfach ins Bett schlafen. Sie schliefen tief und fest ein. Ihnen fehlten zwei Nächte Schlaf, weil die Gruppe so toll war, und da konnten sie nicht schlafen oder die Gruppe beenden. Da wurde weiter der Unsinn des Lebens nach den Gesichtspunkten von LACH & CHAOS gespielt.

Und so schliefen sie fest, ganz fest ein, und als sie fünf Stunden später erwachten, da lagen zehn Mitschläfer im selben Raum. Sie hatten ja schon den Schlafanzug angezogen. Nur haben wir nicht geglaubt, daß sie das ernst meinten.

Sollten wir ihnen doch zuviel beigebracht haben, wie man mit peinlichen Situationen des Lebens spielerisch leicht umgehen kann?

DEVI und Djuvi standen auf und bereiteten für alle ein Frühstücksbüfett. Schließlich waren die anderen ja noch müde. Sie waren ja auch später eingeschlafen.

»Du Djuvi«, sagte Avatara Devi, »das mit dem Schlafanzug war schon genial, aber es muß einen Haken gehabt haben. Weißt du schon welchen?«

Djuvi geht aufs Klo und denkt über den Haken nach. Als sie wieder raus kommt, sitzt die Gruppe den 3. Tag nach Seminarbeendigung am Frühstückstisch und fragt lachend:
»Wollen wir heute wieder Gruppe rausschmeißen spielen, oder können wir es jetzt abhaken?«

Djuvi klopft sich vor ihren Denkapparat und sagt:

»*Jetzt hab ich es. Jetzt weiß ich es.
Das Ding mit dem Rausschmeißen und dem Haken:*

√ *abhaken.*«

Lach & ChAos auf der Suche

Als LACH & CHAOS auf dem Weg war, sich selbst zu entdecken, wurden sie erst einmal aus der Kirche rausgeschmissen. Wir waren für sie ein Sündenfall. – Denn da gibt es nichts zu lachen.

Da gründete LACH & CHAOS, um sich mit der Kirche wieder zu versöhnen, das 1. Narrenkloster auf Erden.

Das brachte LACH & CHAOS zwei Ohrfeigen vom Fernsehen, die Kirche war persönlich nicht anwesend.

LACH & CHAOS gründete und fernsehte weiter, nur ging das dabei soweit, daß die vom Fernsehen, anstatt Filme über uns zu drehen, sich ihre eigenen Filme bei uns anschauten:
… Reinkarnation … – Schnitt …
… Phantasiereisen … – Klappe …
… Erlösung aus Kindheitstrauma … – Schnitt …

Da LACH & CHAOS aus der Kirche hinausflog und das Fernsehen sich bei uns nur noch die eigenen Filme ansah, wollten wir weiter.

Wir waren auf der Suche; Fernsehen und Kirche waren nicht unsere Götter, so gingen wir zur Wissenschaft.

Als wir dort hinkamen, hörten wir, daß die Wissenschaft uns schon lange prophezeit hatte. Ja, daß sie, ohne es zu wissen, unsere Propheten waren.

Sie forschten schon viele Jahrzehnte nach uns und prophezeiten seit Jahren: Das CHAOS, das wird kommen!

... UND DA WAREN WIR!

Nur hatten wir als Geschenk noch eine Dimension mehr mitgebracht als die Wissenschaft anzubieten hatte, Wir sind nämlich LACH & CHAOS.

Und darum ist die Wissenschaft vom CHAOS nur unser Prophet. Das Top sind wir. Aber über den Witz können jetzt nur noch die Götter lachen.

Da versprach sie, ein Wunder zu vollbringen

Als AVATARA DEVI eines Tages wieder in ihren Seminaren einen Vortrag hielt über ihr Lieblingsthema:

Das Licht des Lachens,
der Freude und
des Jubels.

Da kam sie in Fahrt und sie eiferte sich. Wenn AVATARA DEVI sich ereifert oder aufregt, dann wird sie ganz von alleine theatralisch.
Und so versprach sie der Gruppe, ein Wunder zu vollbringen.

Sie sagte zur Gruppe:
»*Als Beweis der Wahrheit meiner Aussagen erscheint vor euch jetzt ein Licht der Weisheit.*« Sie schnipste mit dem Finger, und vor den staunenden Augen der Seminarteilnehmer erschien ein großes, weißgleißendes Licht. Aus diesem Licht materialisierte sich ...

der Buddha Gautama.

Die Seminarteilnehmer staunten nicht schlecht. Nur AVATARA DEVI saß erschrocken in der Ecke und sagte: »*Ich glaub', ich hab' etwas übertrieben.*« Der Buddha aber tröstete sie und sagte zu ihr:

»*Du, die du naiv und rein genug bist, an Wunder zu glauben. Sogar lachenden Herzens glaubst, eigene Wunder vollbringen zu können, dir und euch den Beweis zu bringen, daß das der Weg zurück ins Paradies ist, deshalb bin ich in jenem Licht erschienen, das ihr rieft.*«

Und zu den Seminarteilnehmern sagte der Buddha Gautama:

»*Werdende Buddhas, was die Avatara Devi da sagte,
da drauf kautamal!*«

Dann schnipste der Buddha, wie unsere DEVI, mit dem Finger und holte aus dem Licht eine materielle Erleuchtungskrone. Und er sprach:

»*Hier, als Beweis, wo der lachende Lichtpfad hinführen kann,
wenn ihr ihn nur intensiv genug geht,
Ethik, Wahrheit und Liebe lebt.
Dafür überreiche ich euch heute
eine materielle Erleuchtungskrone.*«

Und sie spielten mit sich und der Erleuchtungskrone und den Häuptern, bis es ganz viel Spaß machte.

NUR IST JETZT DIE BATTERIE ALLE

Gott hat 73 Namen

Spontanität, Kreativität, Schöpferkraft, Intelligenz, Genialität, Weisheit, Licht, Heiligkeit, Jubel, Das Absolute, Das absolute Gar Nichts, Liebe, Lebensfreude, Spaß, Spiel, Wahrheit, Ethik, Würde, Einheit, Dreieinheit, Frieden, Gnade, Fülle, Glück, Glückseligkeit, Das Dritte Auge, ES, ES ist, ES ist nicht, Universum, Kosmos, Ganzheit, Gottheit, Allwissen, Alliebe, Klarheit, Das reinste der reinen Lichter, Demut, Einfachheit, Lieblichkeit, Reinheit, Heiliger Geist, Bewußtsein, Göttlichkeit, Harmonie, Ewigkeit, All, Alleinheit, Hara Mita, Intuition, Gotteskraft, Der göttliche Humor, Mitgefühl, Leichtigkeit, Barmherzigkeit, Warmherzigkeit, Der Unbegrenzte, Erhabenheit, Der Wahrhaftige, Lachen, Der Weiseste der Weisen, Seine Majestät das Licht, Das Hier und Jetzt, Die Heilige Gegenwart, Der Erkennende, Eros, Das Große Nichts was alles ist, Die Mitte, Das Große Kosmische Lachen über sich selbst, Mister Jolly Joker des Universums, Das lachende Lichtbewußtsein, ...

Und der 72. Name Gottes ist, und unter diesem Namen wird sich im Lichtzeitalter auf Erden Wissenschaft, Kunst und Spiritualität hoffentlich endlich wieder vereinen:

Das Helle Chaos

Der 73. Name Gottes aber ist geheim,
bleibt geheim .... für immer.
 Willst du wissen, wie er heißt?
 Wir können es dir ruhig sagen, du wirst es uns sowieso nicht glauben.
 Der 73. Name Gottes ist: Helga, Otto, Paul, Lisa, Verena, ...

Chaos im Herzen

Du, der du schon länger Selbsterfahrungsgruppen mitmachst
und gelernt hast, wie man sein Herz aufmacht.

Jetzt hast du dein Herz offen,
und was ist jetzt?
Jetzt rutscht es dir in die Hosentasche.

Da sitzen plötzlich gleich zwei da.
Zwei von der Sorte,
wo dein Herz höher schlägt.

Frauen sind für dich eigentlich grundsätzlich überheblich.
Aber die beiden da,
die sind anders.

Die haben Augen,
Augen haben die.

Jetzt heißt es Gesicht bewahren.

Aber welche ist es?

Es erhöht sich der Adrenalinspiegel,
und die Selbsterfahrungsgruppe gewinnt enorm an Reiz.

Jede deiner Bewegungen ist wichtig:
Wie du gehst,
wie du stehst,
wie du tanzt,
und wann du mit wem wie zur Pause gehst.
Dein Herz klopft bei jeder Kleinigkeit.
Dein Blut steigt,
besonders ins Gesicht.
Du errötest.

Du tust ganz gelassen, daß niemand was merkt,
besonders niemand aus der Gruppe.
Aber welche ist es?

*Den anderen fällt schon längst auf,
daß du plötzlich so unnatürlich gelassen bist,
sie fragen sich auch schon:
Welche ist es?*

*Und da keiner in der Gruppe
deine Schizosignale länger aushält,
bekommst du jetzt eine Psychositzung:*

»Welche ist es?«

*Du stirbst.
Es ist dir peinlich.*

*Du willst niemandem weh tun.
Du weinst.*

Also, welche ist es?

*Die, die dich mehr an Mama,
oder die,
die dich mehr an deine Tante Elli erinnert?*

*Das ist keine paradoxe Frage,
die ist mitten aus dem Leben gegriffen.
Also, welche ist es?*

Jetzt siehst du es.

*Die Blonde, die wirft den Kopf,
wie du es an deiner Mutter liebtest,
darum warst du so fasziniert.*

*Und die Dunkle,
die hat die sanfte Stimme von Tante Elli.*

Aber welche ist es?

DEINE MUTTER ODER DEINE TANTE ELLI?

Was war eigentlich das Wesentliche?

WIE KOMMT MAN ZUM WESENTLICHEN DES LEBENS?
DAS IST DIE FRAGE.

Am besten ist, man setzt sich hin und fragt sich:

*»Was ist eigentlich das Wesentliche
in meinem Leben?«*

Du wirst sehen, daß du erst ganz lange Zeit gar keine Antwort darauf findest. Und du schaust völlig verdattert drein und sagst dir: *»Das kann doch nicht wahr sein. Ich hab einfach keine Antwort darauf, was das Wesentliche meines Lebens ist.«*
Dann beginnst du von vorne und fragst dich noch einmal. Jetzt gehst du im Kreis und hast immer noch keine Antwort. Dann beginne mit einer untergeordneten Frage:

*»Was ist das Wesentliche
in meiner zwanzigjährigen Ehe gewesen?«*

Jetzt kommt da auch nichts. Es kommt ganz lange Zeit gar nichts. Du wirst da so schnell nicht draufkommen. Es ist ganz einfach deshalb so, weil du dich das zwanzig Jahre nicht gefragt hast. Dafür hast du einfach keine Palette. Du wirst merken, diese Palette ist in dir völlig unterbelichtet. Da hattest du keine Zeit dafür, dir diese Frage zu stellen, was das Wesentliche deiner Ehe ist, vor lauter Einkaufen und Kinder kriegen und putzen, scheuern, Bankverhandlung, Geld verdienen. Wie sollte man da Zeit haben, sich zu fragen: *»Was ist eigentlich das Wesentliche?«*

Solltest du irgendwann in deinem Leben an diese Frage kommen oder damit konfrontiert werden, dann stehst du wahrscheinlich am Ende deines Lebens und hast schon wieder keine Zeit mehr, dir diese Frage zu stellen, weil du jetzt in eine andere Dimension übergehst.

»Mensch, was war bloß das Wesentliche?«

Mit dem Satz auf den Lippen stirbst du. Und du wirst neu geboren auf der Suche nach dem Wesentlichen.

Du wirst suchen und suchen, wirst einkaufen, wirst Kinder kriegen, putzen und immer wieder suchen und fragen: *»Was ist das Wesentliche?«*
Wenn es dir wie Schuppen von den Augen fällt:

»Das ist es!
Jetzt weiss ich es!«

Schreibst du es uns?

Wir suchen nämlich auch noch nach dem Wesentlichen. Aber eine Antwort haben wir für uns schon gefunden, und die schreiben wir dir auch:

»Das Wesentliche ist bei uns immer das,
was wir um jeden Preis vermeiden.«

»Aber was ist es bloß?«

Erleuchtung

Wie Trigeminus zur Erleuchtung führt
ODER
Der Erleuchtung ist es wirklich egal, wie du sie erlangst

Das geht mir auf die Nerven, ich krieg noch mal 'nen Anfall. Mein Lieblingsspruch 1 1/2 Jahre lang. Dann hatte ich ihn, den Nervenanfall – Trigeminus, höchste Schmerzstufe, der Notarzt wird gerufen – er kommt nicht. 1 1/2 Stunden später: Der Notarzt kommt. Ich weiß nicht mehr, ob ich verrückt geworden bin und keine Schmerzen mehr habe, oder ob ich noch riesige Schmerzen habe, aus dem Körper gegangen bin und oben unter der Decke klebe. Der Notarzt gibt Morphium.

Wie ich nach 24 Stunden Ohnmacht wieder erwache, geht mir auf, daß ich das selbst kreiert habe. Ich denke: *Na, wie genial!*

Wenn ich in der Lage bin, mir Trigeminus zu schöpfen, von dem ich gar nicht weiß, daß es ihn gibt, dann bin ich auch in der Lage, mir Erleuchtung, von der ich auch nicht weiß, was das ist, zu kreieren.

Ich setze mich hin und untersuche minuziös und haarklein, wie die Struktur lief, um mir Trigeminus zu kreieren. Nach drei Stunden hab' ich die Struktur. Dieselbe Struktur wende ich an, um Erleuchtung zu bekommen.

Ich werde in diesem Leben erleuchtet, und dafür zahle ich jeden Preis. Dieser Entschluß sitzt fest. Er saß vom ersten Moment an fest, als ich hörte, daß wir erleuchtet werden müssen, um das Rad der Wiedergeburt hier auf Erden zu beenden. Noch einmal hier auf Erden herunterkommen und noch einmal dieses Leiden durchmachen – *Nein*. Das wußte ich, das gebe ich mir nicht noch einmal. Und dafür tu ich alles, um nie wieder auf einem Leidensplaneten inkarnieren zu müssen.

Ich habe keine Ahnung, was Erleuchtung des Geistes sein könnte. Aber ich bin selbstsicher genug, um mir zu sagen, daß ich in der

Lage bin, alles zu kreieren, was ich wirklich will. Ich wende die Struktur des Trigeminus auf Erleuchtung an.

Drei Monate spreche ich von meiner Erleuchtung, wo immer ich kann. Ich suche sie an allen Ecken und Enden. Ich gehe nur noch mit Erleuchtungskerzen auf dem Kopf in die Badewanne. Ich esse nur noch Erleuchtungskuchen und beschäftige mich damit, was wäre, wenn die Erleuchtung käme.

Nach drei Monaten intensiver Beschäftigung ist alles Mögliche im Haus los, nur nicht meine Erleuchtung. Als Psychosynthese-Therapeutin weiß ich, daß der Mensch aus Tausenden von Teilpersönlichkeiten besteht (das Kind, der Mann, die Frau, der Deprimierte, die Freude in mir usw.) und wie man mit Teilpersönlichkeiten umgeht. Ich rufe also meine Teilpersönlichkeit, das Genie in mir und sage: »*Genius, ich bin jetzt schon drei Monate dabei, über meine Erleuchtung zu meditieren und zu erzählen. Ich habe dieselbe Struktur angewandt wie beim Trigeminus – wo ist die Erleuchtung?*«

Genius sagt: »*So, du willst erleuchtet werden?*«
Ich frage ihn: »*Kannst du mich zur Erleuchtung führen?*«
»*Aber ja, selbstverständlich!*« sagt er.
Ich denke: Der nimmt den Mund voll – der gefällt mir.
»OK«, sage ich »*dann führe mich zur Erleuchtung des Geistes.*«
Genius fragt: »*Wann?*«
Da ich keine Ahnung hab', was Erleuchtung ist, sage ich: »*Nächsten Sonntag – da hab' ich drei Stunden Zeit.*«
Genius sagt: »*Das geht nicht, ich brauche dafür drei Wochen. Schau dir mal deinen Terminkalender an – du bist als Seminarleiterin 1 1/2 Jahre im voraus ausgebucht, da bleibt keine Zeit für Erleuchtung.*«
Ich schau meinen Terminkalender an: Tatsächlich, 1 1/2 Jahre im voraus ausgebucht, kein Wochenende frei. Ich will erleuchtet werden, um jeden Preis, also schmeiße ich ein paar Seminare aus meinem Terminkalender und frage Genius: »*Kannst du mich auch mit einer Gruppe zusammen zur Erleuchtung führen?*«
Antwort: »*Nichts leichter als das!*«

»*OK, Genius*«, sage ich, »*vom 4. bis 9. März habe ich meine Jahresgruppe in Österreich – führe mich mit dieser Gruppe zur Erleuchtung des Geistes*«.

»*Abgemacht*«, sagt er, »*aber eine Bedingung habe ich: Du übergibst die Gruppe mir und hörst auf meine Anweisungen.*«

Ich sage: »*OK*« und gebe bedingungsloses Vertrauen an meine Teilpersönlichkeit, das Genie in mir.

Ich schmeiße nach oben hin drei Workshops aus meinem Terminkalender und trage vom 4. bis 25. März ein: »*Erleuchtung*«. Danach rufe ich meine Seminarteilnehmer an und frage: »*Wollt ihr mit mir erleuchtet werden?*«

Da sie wissen, daß ich immer mit viel Humor arbeite, lachen sie am anderen Ende nur und sagen: »*Klar, wollen wir.*«

Wir nennen die Gruppe »Erleuchtung« und haben keine Ahnung, was das sein könnte.

VIELLEICHT IST ALLES GANZ ANDERS

Die Gruppe beginnt am 4. März 1985. Wir sind 50 Tage in 1 1/2 Jahren durch dick und dünn gegangen, haben uns gemeinsam die Strukturen des Menschseins angeschaut – wie Projektion in der Partnerschaft funktioniert, sind durch 15 – 20 unserer Reinkarnationen gegangen, haben unsere Glaubens-Überstülpung vom Elternhaus geklärt; unsere Ich-Findung ist gelaufen – wir haben unser höheres Selbst gefunden, die Weisheiten der verschiedenen Weltreligionen studiert und sind schon ganz schön weit auf dem Weg zu uns selbst vorwärts gekommen.

Dieses ist das letzte Workshop, danach will die eine Hälfte mit mir weitergehen – zur Ausbildung als Psychosynthese-Therapeut – und die andere Hälfte will die Gruppe verlassen.

Die letzte Gruppe läuft. Ich sage zur Gruppe: »*So, diese Gruppe heißt 'Erleuchtung'. Wir wissen nicht, was Erleuchtung ist, wir haben keine Ahnung. Ihr habt jetzt 1 1/2 Jahre von mir gehört, was es auf der Ebene der seelischen Tiefe heißt, Mensch zu sein. Heute, nach 1 1/2 Jahren, sage ich euch: Vielleicht ist alles ganz anders, und ich habe euch nur*

Blödsinn erzählt. Vielleicht ist ja die wirkliche Wahrheit noch einmal etwas ganz Anderes. Laßt uns auf die Suche gehen nach einer viel höheren Wahrheit. Laßt uns alles, was wir gelernt haben, auf den Kopf stellen und neue Möglichkeiten, neue Ideen finden, laßt uns über alle Grenzen hinausgehen. Laßt uns das Unwahrscheinliche für wahrscheinlich halten und das Unmögliche für möglich«.

Ich setze Genius in die Gruppe, warte, daß ich in Trance mit ihm in Verbindung bin und gebe den Auftrag, mich und die Gruppe zur neuen Weisheit und zur höheren Erkenntnis zu führen.

Genius sagt: »*Vielleicht ist ja alles ganz anders und wir sind bereits erleuchtet – wir müssen nur noch erkennen, daß wir erleuchtet sind.*« Die Gruppe ist begeistert – wir machen uns auf die Suche, wo unser Erleuchtetsein sein könnte.

Erst geht es ernsthaft auf die Suche. Irgend jemand sagt: »Um erleuchtet zu werden, muß man doch vorher den einzig wahren Weg gegangen sein. Wir sind begeistert. Wir holen uns Steine, bauen den einzig wahren Weg und ganz oben bauen wir ein Ziel hinein, schreiben ins Ziel »Erleuchtung« und gehen diesen Weg noch einmal – den einzig wahren Weg.

Wie wir am Ziel ankommen, fragen wir uns: »*Und was ist jetzt? –* Woran kann man erkennen, daß wir das Ziel, die Erleuchtung, geschafft haben?«

Noch sind wir ernsthaft auf der Suche nach Erleuchtung. Das aber ändert sich sehr bald. Wir beginnen unsere Werte mehr und mehr auf den Kopf zu stellen und sind bereits im Witz über uns selbst angekommen. Natürlich glauben wir nicht, daß wir so Erleuchtung erlangen könnten. Denn für uns ist Erleuchtung etwas sehr Heiliges, etwas, das mit Schweigen zu tun hat. Was mit Sicherheit nichts mit Lachen zu tun haben kann. Niemand von uns hat eine Ahnung, wo und wie das Nadelöhr zur Erleuchtung gefunden werden könnte. Die Gruppe ist höchst inspirativ, die genialen Ideen sprudeln nur so.

Irgendwer sagt: »*Aber Leben ist doch Leiden.*« Ein anderer sagt: »*OK, dann müssen wir Buddhisten werden. Buddha sagte: Leben ist Leiden.*«

OK, wir gehen auf die Knie, beten den Buddha an, sagen sein Mantra »Om Mani Padme Hung« und beschließen einfach, daß wir die Vorstellung aufgeben, Leben sei Leiden, um endlich am Ziel anzukommen.

Immer wieder nehme ich Verbindung auf mit meiner unsichtbaren Teilpersönlichkeit, dem Genie in mir, bitte es um Inspiration und Intuition. Genius sprudelt, er läßt sich Gruppensituationen einfallen, die völlig chaotische Anweisungen haben, und so führt er uns immer wieder ins große Lachen über uns selbst.

Wir lachen bereits den 2. Tag und eine ganze Nacht durch und fragen uns immer wieder: *»Vielleicht ist ja alles ganz anders.«* Wir hinterfragen alles und jedes, was wir in den letzten 1 1/2 Jahren gelernt haben. Ohne daß wir merken, was passiert, hat sich die geniale Inspiration auf alle Seminarteilnehmer übertragen. Wie in einem Rausch von Humor und Leichtigkeit schnappen sie die Ideen auf und führen jedes Glaubensmodell im Witz über uns selbst ad absurdum.

Am dritten Tag sitzen wir morgens um 7.00 Uhr am heiligen Feuer und meditieren auf den Frieden dieser Welt. Da erkenne ich eine große blaue Lichtgestalt über dem heiligen Feuer als die Göttliche Mutter. Dann erlebe ich, wie sie in meinen Körper einzieht. Sofort wird alles ganz anders, wird alles ganz klar. Es ist, als ob eine große Hand gekommen wäre und all den Nebel und all den Schatten von den inneren Augen weggewischt hätte.

Ich bin sehend, total sehend, mir offenbart sich die humorvolle Weisheit Gottes. Aus meinen Augen strahlt das Licht der göttlichen Glückseligkeit. Wie ich in die Augen meiner Seminarteilnehmer schaue, springt der Gottesfunke aus meinen Augen in die Augen der anderen hinüber und zündet so den Gottesfunken in den anderen an. Das Licht überträgt sich von einem zum anderen und in kürzester Zeit – ca. 15 Minuten – erwachen wir alle jenseits der Dualität im Großen Kosmischen Lachen über uns selbst.

Auch in den Augen meiner Seminarteilnehmer ist jetzt das Glück pur zu sehen, das Licht selbst. Wir schauen uns an: Großes Staunen, Glück, unendliches Glück, und die Leichtigkeit des Herzens ist mit uns.

Wie wir alle im Licht erwachen und uns in die sehenden Augen schauen, berührt uns ein tiefer Schmerz: »*Wie war es möglich, daß wir jemals über die anderen negativ dachten? Das ist ja unglaublich, wie konnte das geschehen?*«

Das Licht ist da, und es ist nicht mehr möglich, negativ zu denken oder zu fühlen, ja, es ist unfaßbar, daß wir das jemals taten. Große Betroffenheit ist in allen von uns über unsere ehemalige Negativität, aber dann erlöst uns das Licht, und lachend sehen wir den Kosmischen Witz dazu.

Wir spüren: Im Herzen sind wir alle eins. Da ist nur eine Seele hier auf Erden, und sie ist in allem (allen Menschen, Tieren, Pflanzen).

Ich schaue Helga in die Augen und sehe nur weißgleißendes Licht, glasklare Helligkeit. Jeder Einzelne von uns hat dieses Licht in den Augen.

Die eine Hälfte der Gruppe liegt im großen Lachen über sich selbst, während die andere Hälfte weint. Dann wechseln die Seiten. Die, die lachten, weinen nun, und die, die weinten, lachen.

Unter unendlichen Lachkrämpfen und Lachschüben winden sie sich, wickeln sich um jeden Baum, um jeden Grashalm, kugeln sich die Wiese vor Lachen hoch und runter, ob der Erkenntnis, was für ein Narrenspiel unser Denken und unsere Psyche ist.

Wir alle haben tiefe Einschau hinter das Gesetz des dualen Karmas. Es offenbaren sich uns unsere psychische Struktur und unsere Glaubensmodelle wie ein einziger Witz über uns selbst. Das Licht ist da.

Daß wir das Licht der Erleuchtung erfahren haben – nein, das glaubt niemand. Denn Erleuchtung hat für uns etwas mit Schweigen und Heiligkeit zu tun.

Daß Lachen etwas Heiliges sein könnte, so weit sind wir auf unserem Erkenntnisweg noch nicht. Immer wieder höre ich Ausrufe wie »*So ein Narrenspiel! Das darf doch nicht wahr sein! Das darf nicht wahr sein – wo die wirkliche Wahrheit liegt.*«

Da, jetzt seh' ich Claudia auf den Knien, unter unendlichen Lachschüben brüllt sie »*Oh, Gott Vater, heiliger Christus, erhabener Buddha, was für ein Weltendrama um NICHTS, ich lach mich schief. Und den Nonsens haben wir immer ernst genommen. Ich sterbe vor Lachen*«.

Wir können ganz tief Einschau nehmen hinter das duale, karmische Gesetz und erkennen: Alles ist ein einziges Weltendrama um NICHTS. Alles nur ein Spiel des Geistes jenseits jeglicher Glaubwürdigkeit und Ernsthaftigkeit.

Wir erkennen: Ernsthaftigkeit ist eine Geisteskrankheit, und ihre Priester sind die Philosophieprofessoren. Es ist das Unnatürlichste der Welt. Darum hat es so viele Anhänger.

Das lachende Licht des Kosmischen Bewußtseins übertrug sich noch zwei weitere Jahre auf viele Seminarteilnehmer. Plötzlich und unerwartet fielen einige oder gar alle Teilnehmer eines Seminars für 4 – 6 Stunden ins lachende Erwachen über sich selbst, und das nur durch Lichtübertragung aus den Augen.

Erleuchtung IST

Alles Geniale hat einen gemeinsamen Nenner:
Es ist leicht und einfach.

Erleuchtung ist eines der einfachsten und natürlichsten Phänomene. Und gerade weil es so einfach und natürlich ist, ist es außerordentlich schwer zu verstehen, denn der duale Geist ist ein kompliziertes Gebäude von Vorstellungen.

So passiert es, daß alles, was schwierig und fast unmöglich erscheint, den Menschen am meisten reizt und wertvoll macht. Alles, was leicht und einfach ist, ist unwichtig und uninteressant. Aber das fast Unmögliche wird uns förmlich zum Magneten. Dafür sind wir sogar bereit, unser Leben zu geben.

Erleuchtung selbst ist absolut einfach, aber sie bedeutet für die Priesterschaft und die Religionen eine existentielle Gefahr, weil sie den Religionen die Basis, ihre Existenzberechtigung nehmen würde.

Die **Hindus** zum Beispiel meinen, Gott oder die Erleuchtung sei in Tausenden von Leben zu erreichen. Gautama **Buddha** sagte, er hätte Millionen von Leben gebraucht, um das Ziel der Ziele, die Erleuchtung des Geistes zu erreichen.

Für die **Mohammedaner**, das **Judentum** oder die **Christen** heute gibt es nur ein Leben, und für sie gibt es so etwas wie Erleuchtung nicht.

Und tatsächlich macht es die Vorstellung, Erleuchtung in Millionen von Leben zu erreichen, so schwierig, so unmöglich, so weit weg, daß es im gegenwärtigen Leben eben nicht erreichbar ist.

So bieten die Hindus und Buddhisten die **Möglichkeit** auf Befreiung, und die Mohammedaner, Juden und Christen die **Hoffnung** auf Befreiung.

So haben die Religionen das Simple, Gott bzw. die Erleuchtung, mystifiziert und als beinahe unerreichbar dahingestellt. Denn welche Macht über uns würden die Religionen haben, wenn Erleuchtung etwas genial Einfaches, etwas für Menschen Erreichbares wäre?

Dazu kommt, daß wir kaum wirklich Zeit für uns haben. Die Hälfte unseres Lebens wenden wir für schlafen, waschen, essen, und Kleider wechseln auf. Die wertvollsten Jahre unseres Lebens verbringen wir damit, alles Mögliche an Wissen, wie Geographie, Geschichte, Geometrie zu studieren, um mit 30 Jahren viel zu wissen, aber die schönste Zeit des Lebens ist den Bach runtergegangen. Dann heiraten wir, haben Kinder, sind im Job und in der Politik engagiert. Auch Kino, TV, Radio, Kirche halten uns in ihrem Bann. Dann kommen noch unsere Freunde und wollen ihre Aufmerksamkeit hier und da. Aber wann haben wir wirklich Zeit für uns, für unsere Verinnerlichung, für unser Leben. Wir gehen voll in der äußeren Welt auf. Und das ist auch der Wunsch, uns abzulenken, damit wir ja nicht zu uns kommen.

Wenn wir keine Zeit für uns und Gott in uns haben, wie wollen wir dann wirklich Erleuchtung erlangen. So stimmt es schon, wenn Buddha meint, er hätte vielleicht Millionen von Leben dafür gebraucht.

Aber vielleicht ist ja auch alles ganz anders. Wenn wir verstanden haben, daß das Wesentliche aller Leben unsere Licht- bzw. Wiedereinswerdung mit Gott ist und wir uns in diesem Leben in tiefer Hingabe ihm zuwenden, dann könnte es genau dieses Leben sein, das uns zur Erleuchtung führt.

Das Wort Erleuchtung

Im Englischen wie im Deutschen gibt es kein Wort für Erleuchtung, das dem aus dem Osten kommenden Ausdruck dafür entspricht. Erleuchtung oder »Enlightenment« ist lediglich eine sehr arme Umschreibung.

Im Westen gilt oft eine gut ausgebildete und intellektuelle Person als erleuchtet. Ja, ein ganzes Zeitalter, als die Wissenschaft sich entwickelte, wurde »AGE OF ENLIGHTENMENT« (Zeitalter der Aufklärung) genannt. Bertrand Russell wird ein sehr erleuchteter Mann genannt. Aber Erleuchtung wird hier nicht im ursprünglichen Sinn verwendet. Hier hat Erleuchtung mit progressivem Denken, mit Intellekt zu tun. Nicht so im Osten.

Erleuchtung ist eine Übersetzung des Sanskrit-Wortes »NIRVANA« (oder auf Prakit: Nibbana).

NIRVANA = ERLÖSUNG, ERLÖSCHUNG, SELIGKEIT.

Es meint ein Aufhören und ein Einstellen absoluter Ruhe. Ein Ausblasen der kleinen Kerze namens Ego, um in der »Dunkelheit«, der Leerheit, dem Nichts, der Ruhe aufzugehen.

Der Jainismus übersetzt es mit »MOKSHA« – absolute Freiheit, höchste Freiheit, Befreiung von allen Fesseln. Und die größte Fessel ist das Ego.

Diese Freiheit ist nichts Politisches, Wissenschaftliches, es ist einfach ungefesselte Existenz, jenseits von Vorstellung.

Das Wort »ERLEUCHTUNG« (Enlightenment) wurde nur aus dem einfachen Grund gewählt, weil es heißt: »*Voll von Licht sein*«.

Und tatsächlich ist es ein Leuchten – unerklärbar, nicht von außen – es ist gleich einer inneren Explosion. Und plötzlich gibt es keine Fragen mehr, keine Probleme, keine Suche.

Plötzlich sind wir zu Hause, das erste Mal. Nirgendwo hingehend, nicht einmal in der Vorstellung. Das erste Mal in diesem Moment,

IM TOTALEN HIER & JETZT,
IN ABSOLUTER GLÜCKSELIGKEIT.

Wer erleuchtet ist, spricht nicht über Erleuchtung

Erleuchtung ist tabu. – Ein absolutes Tabu.

NEW AGE, das Zeitalter der Reform, brach die Tabuthemen Ehe, Sexualität und Tod.

LIGHT AGE, das Lichtzeitalter, bricht das Tabuthema »Erleuchtung«.

Dieses Tabuthema muß gebrochen werden. So können Millionen von Lichtsuchenden wieder eins werden mit dem Licht (jenseits der Dualität), aus dem sie kommen.

Wer erleuchtet ist, spricht nicht über Erleuchtung. Wir werden im Light-Age noch viel darüber schreiben und sprechen. Es wird das Thema des Light-Age sein.

Der Satz: Wer erleuchtet ist, spricht nicht über Erleuchtung, ist ein KOAN oder ein Erleuchtungswitz.

Kommt ein Mönch zu seinem Zen-Meister und sagt: »*Meister, ich bin erleuchtet worden*«, so setzt der Meister sofort zur Erleuchtungsprüfung an und gibt ihm ein Koan zum Knacken. Er sagt: »*Wer erleuchtet ist, spricht nicht über Erleuchtung!*«

Für einen Unerleuchteten ist das eine Blockade. Für einen Erleuchteten ist das ein Hinweis, daß er jetzt eine Antwort jenseits der Dualität ohne Worte zu geben hat. Im Zen lesen wir dann, daß der Schüler lachend mit dem Finger schnipst und tanzt.

Das Wort »Die Erleuchtung des Geistes« ist besetzt, ist ein absolutes Tabu.

Dieses Thema wurde seit der Zeit der ägyptischen Hochkultur geheim gehalten. In Ägypten stand bei Verletzung dieses Geheimnisses die sofortige Todesstrafe. Für den Volksmund wurde das Thema mit dem geflügelten Wort geblockt: »*Wer erleuchtet ist, spricht nicht über Erleuchtung.*«

Damit wurde jeder unglaubwürdig, der nur wagte, über dieses Thema zu sprechen, denn es war das Wissen der herrschenden Kräfte, höchstens noch der herrschenden Priester, und blieb so ein absichtliches Geheimwissen.

Auch ist dieses Wissen bis heute aus gutem und aus nicht so gutem Grund geheim gehalten worden. Erleuchtung ist ein Tabuthema, das gebrochen werden muß. Denn die Lichtmenschen sind in solch einer Vielzahl auf Erden, wie niemals zuvor, Millionen und Abermillionen. Was suchen diese Lichtmenschen?

Die Wiedereinswerdung mit ihrem Licht, aus dem sie kommen, und das nannte man früher eine »*Erleuchtung des Geistes*«.

Wie wir es im Lichtzeitalter nennen werden, wissen wir noch nicht. Aber damit diese Millionen von Lichtmenschen ihren Weg ins Licht mitten im Leben finden, muß das Tabuthema fallen.

Auch wenn die Gefahr besteht, daß es falsch verstanden wird oder Macht- und Größenwahn nach der Erleuchtung auftreten können: Wenn wir vorher nicht genügend Reinigung am Kleinheitsgefühl, am inneren Tyrannen oder an der Macht durchgeführt haben, kann der Größenwahn danach ausbrechen. Wir warnen vor dem Macht- oder Größenwahn nach der Erleuchtung.

Auch muß vorher unbedingt göttliche Demut gegenüber allem was lebt geübt werden, sonst erfolgt der Sturz noch während der Erleuchtung des Geistes. Erleuchtung hat nichts mit Größe oder

Größenwahn, sondern mit Lieblichkeit, Humor, Lebensfreude und tiefer Einsicht in eine höhere ethische Weisheit zu tun.

Bisher regierte die Vorstellung, Erleuchtung sei nur über Weltentsagung zu erlangen. Das heißt, alles aufgeben zu müssen, ein Bettelgewand zu tragen und sich eine Glatze schneiden zu müssen. Den ganzen Tag nur zu meditieren und das Kloster zu putzen. Dabei sexuelle Enthaltsamkeit zu üben.

Darum wurde dieses Thema für Europäer ein Tabu.

Außerdem hat Erleuchtung etwas mit Himalaja und Asien zu tun, doch wir sind Europäer und stehen mitten im Berufsleben. Dadurch ist das Thema nochmals tabu.

Dazu finden wir uns zu unwürdig und zu unheilig, als daß das Thema etwas mit uns zu tun haben könnte. Wir schließen die Augen und wollen nichts davon wissen. Das Thema bleibt, wie es ist – tabu.

Die oben beschriebenen Rituale des Glatzeschneidens und der sexuellen Enthaltsamkeit bis hin zum Bettelgewand waren die Wege vor 2.500 Jahren und war der Weg der Lebensentsagung. Wir aber leben 2.500 Jahre später und unser Weg geht völlig anders. Mitten durchs Leben mit Lebensbejahung.

Das heißt, ein Weiser zu werden zwischen Geschäftsverhandlungen, Selbsterfahrungsgruppe, Gala-Dinner und Meditation.

Beide Wege führen zum Ziel.

Der neue Weg kann sogar mit Tantra gegangen werden, wenn Sexualität der Erhöhung der Liebe und der Verehrung des Göttlichen im anderen gewidmet wird. Es ist ein Weg durch die Sexualität durch, zur Erlösung aus der Sexualität. Jedoch besteht dabei die Gefahr der sexuellen Abhängigkeit. Auch gehen wir den Weg mitten durch das Berufsleben, der Kindererziehung und durch alles, was Leben bedeutet, weil es unsere Aufgabe im Jahr 2000 ist, das Leben, wie es lebt, ins höhere seelische Bewußtsein und zur höheren Ethik anzuheben.

Der lachende Lichtpfad ist der Weg vom Tabu ins lachende Tao Wabohu.

Tao = der Weg; Wabohu = das Chaos
Tao Wabohu = der Weg des lachenden Chaos

Würde der Europäer wissen, was Erleuchtung wirklich ist,
nämlich höchste seelisch-geistige Reife und
höchste Intelligenz jenseits der Dualität,
so wäre er sehr aufgeschlossen für das Thema
und sogar heiß daran interessiert.

Die Zeit ist reif.

Das Lichtzeitalter der Lichtmenschen auf Erden steht vor der Tür. Rudolf Steiner prophezeite 1920 diese Millionen und Abermillionen von Suchenden, die auf die Erde kommen werden, um das Denken der Erde zu transformieren und um das Friedenszeitalter zu bringen. Diese Lichtmenschen, die alle schon so hoch in ihrer Entwicklung stehen, daß sie dieses Leben als das letzte Leben auf Erden betrachten können, werden nicht wie ihre Eltern Besitztum, Bürgerlichkeit, Beamtentum und Sicherheit suchen, sondern den seelischen Reichtum und die Wiedereinswerdung mit dem kosmischen Licht. Er prophezeite weiter, daß eine Zeit kommen werde, wo es Tausende und Abertausende von Erleuchteten auf Erden geben wird.

Sie sind die Gnade für die Erde. Denn durch ihren Einstieg ins höhere erwachte Bewußtsein transformieren sie mit ihrer Erleuchtung das Erdenkarma.

Diese Zeit wird es vielleicht nie wieder auf Erden geben, sagte Steiner und dieses Phänomen hat es auch noch nie gegeben.

Aber das stimmt nicht, als der Buddha starb, hat er solch ein Phänomen vollbracht. Er erleuchtete nach seinem Tod, wie er es vorher seinen Mönchen versprochen hatte, 500 seiner engsten Mönche.

Muß das ein Lachen gewesen sein!

*500 Mönche drei Wochen lang gleichzeitig im
Großen Kosmischen Lachen.*

War das ein würdiges »Jubelbegräbnis« für den großen Mahaavatar Buddha, der auf Erden kam, um den Menschen Weisheit, Ethik und Erleuchtung zu bringen.

Wir sind bereits im Lichtzeitalter und das bedeutet das Zeitalter der Erleuchteten auf Erden und wir erwarten die Wunder. Ja, ab 1998 (laut Astrologie) ist das Karma der Erde so frei, daß eventuell sogar Massenerleuchtungen zu erwarten sind. Erfahrungen mit Gruppenerleuchtungen gibt es bei LACH & CHAOS aus den Jahren 1985 + 1987. 1985 erlangten 21 Seminarteilnehmer gleichzeitig den Durchbruch ins Große Kosmische Lachen und 1987 sieben Seminarteilnehmer.

Die Reinigung zur Erleuchtung des Geistes muß vorgenommen werden. Das Bewußtsein muß trainiert werden. Erleuchtung kommt nicht von alleine.

Von alleine kommt sie nur bei vollerwachten Inkarnationen, die schon im letzten Leben Buddhaschaft über sich selbst erreicht haben.

Diese Inkarnationen widmen ihr Leben von vornherein der Erleuchtung des Geistes, und sie geben alles dafür, weil sie den hohen Stellenwert kennen. Wieviel mehr müssen wir auf der Ebene der ersten Wanderschaft zur eigenen Hochzeit mit dem Licht investieren.

Durch die Erfahrung des Kosmischen Bewußtseins steht LACH & CHAOS zu der Behauptung, daß Erleuchtung ein Geisteszustand ist, und der ist trainierbar wie Klavierspielen. Wir stehen dazu, auch wenn wir wissen, daß diese Aussage konträr zu jeglicher Vorstellung von Erleuchtung ist.

Alles, was zwischen dir und deiner Erleuchtung des Geistes steht, ist das, was du dir über Erleuchtung vorstellst und was du glaubst, weshalb du sie nicht erreichen kannst.

DAHINTER IST SIE,
DEINE HERRLICHKEIT DES LEUCHTENDEN,
LICHTGEWORDENEN GEISTES.

Dieser erleuchtete Geist ist bereits vorhanden. Er braucht nicht kreiert zu werden. Er ist unsere wahre Existenz, aus der wir kommen. Er ist durch unsere Struktur des dualen Denkens verschüttet.

Schaffen wir es durch die Arbeit mit Paradoxien, ein Loch in unser System von Gut & Böse zu graben, so kann das Wunder eines Quantensprunges ins Kosmische Bewußtsein geschehen; dies hat sich in der kurzen Zeit unserer Experimentierphase bestätigt. Ca. 35 Menschen gelang es von 1985 bis 1994, durch die Arbeit mit Paradoxien das Kosmische Bewußtsein zu erreichen. Einigen davon gelang der Durchbruch zur lachenden Hochzeit mit dem Licht und das in Europa. Wer hätte das gedacht?

Es sind Menschen von »nebenan«. Menschen wie du, die nur zufällig in einer Gruppenkonstellation zusammen kamen, die für alle Beteiligten sehr günstig war (hohe Lebendigkeit, Liebe, Leichtigkeit des Seins und längerer Weg der Selbsterlösung).

Auch wenn es bisher diese Erfolge gegeben hat, können wir niemandem das Erreichen dieses Zieles garantieren.

Es ist und bleibt ein Phänomen. Wann der Funke zur dreiwöchigen Einschau ins Kosmische Bewußtsein überspringt, das weiß niemand. Das ist und bleibt göttliche Gnade.

Wir stehen erst am Anfang der Erfahrung einer neuen Dimension von Bewußtseinserweckung. Wir werden sicher noch einige Wunder erleben. Das ist das einzige, was wir garantieren können.

Machen wir uns nicht auf den Weg,
auch Erleuchtung zu studieren,
dann steht die Gnade vor uns,
und wir erfahren sie nicht.

Erleuchtung ist ganz anders ...

Zum Thema Erleuchtung des Geistes gibt es viele unzählige unterschiedliche Aussagen und viele falsche Vorstellungen. Allein über das Thema »Falsche Vorstellungen zur Erleuchtung des Geistes« könnte man ein ganzes Buch schreiben. Hier die allerwichtigsten falschen Vorstellungen:

1. EIN WEIT VERBREITETER IRRTUM IST ZU GLAUBEN, ERLEUCHTETE SEIEN IMMER IM ERLEUCHTUNGSZUSTAND. – DAS IST FALSCH.
Erleuchtete sind während der Erleuchtung im Erleuchtungszustand (Dauer ca. 3 Wochen mit einer 3-tägigen Hochphase). Danach fällt der Vorhang der Maha Maya wieder und das Leben geht normal weiter. Nur ändert sich jetzt das Leben des Erleuchteten revolutionär zum Leben im Licht.
   Dieses ist ein Schutz für uns. Wir könnten im Erleuchtungszustand nicht normal weiterleben. Der Jubel, die Freude, die Liebe und Glückseligkeit, die dann aus uns strahlen, ist für normale Menschen, für die das Leben noch jede Menge verdunkelt ist, unerträglich. Wir sind in einer anderen Dimension von Erfassen und Erleben von Wahrheit. Auch würde der Körper das gar nicht so lange aushalten können. Nach spätestens drei Wochen fällt der Vorhang wieder.

*Nach der Erleuchtung des Geistes
ist alles genau wie vor der Erleuchtung,
nur total anders.*

2. EIN ERLEUCHTETER HAT KEINE WUT MEHR. ER STEHT JENSEITS JEGLICHER GEFÜHLE, IM PERMANENTEN GLÜCKSZUSTAND. – DAS IST FALSCH.
Ein Erleuchteter hat lange Zeit nach den Erleuchtungen kaum negative, emotionale Anhaftungen. Das ist richtig. Außerdem hat er gelernt, vieles als Witz zu nehmen, und das wird er hoffentlich auch weiter üben, um emotional klar und rein zu bleiben.

Jedoch kommt der Zeitpunkt, wo er wieder normale, der Situation angepaßte Gefühle, bekommt. Aber seine Wut ist dann keine zerstörerische Atombombe mehr, sondern eine der Situation angepaßte. Erleuchtete der höchsten Stufen entleiden allerdings total. Der Geist wird völlig leer, z.B. bei Erreichung des Nirvana-Bewußtseins. Wurden die hohen Ziele der Selbstverwirklichung erst einmal erreicht, dann sind lange Glückszustände der Seele ein völlig normaler Bewußtseinszustand.

Der Weg der Transformation hört nicht auf. Der Weg der Bewußtseinsarbeit auch nicht. Wer sich jetzt auf seinen Lorbeeren ausruht, der trägt sie hier an der falschen Stelle.

Erwachtes Bewußtsein braucht ein hohes Maß an Achtsamkeit, Pflege und Übung, um das Erlangte zu erhalten. Darum ist es möglich, selbst noch nach der höchsten Erleuchtung zu stürzen, wenn Ethik, Wahrheit, Mitgefühl, Liebe zu allen Wesen und göttliche Demut nicht weiter geübt werden.

3. Manche glauben, erst in fünf oder zehn Leben erleuchtet zu werden. Manche religiösen Richtungen lehren, die Erleuchtung komme in 100 Leben.

Erleuchtung ist das große Erwachen ins Hier & Jetzt, und wenn nicht im Hier & Jetzt, dann auch nicht in 100 Leben. Oder wie wissen wir in 43 Leben, daß wir noch 57 Leben weiter meditieren müssen, und wann 100 Leben vorbei sind? Vielleicht ist ja auch alles ganz anders, und deine 100 Leben in der Religion sind längst vorbei, und jetzt ist der Zeitpunkt deines Erwachens. Oder weißt du so genau, vor wieviel Leben du mit dem Weg angefangen hast?

Weiter als 100 Leben kann man die Erleuchtung des Geistes als unerreichbar nicht von sich wegstellen. Es ist die beste Möglichkeit, nicht in die Gefahr zu kommen, erleuchtet zu werden.

Erleuchtung in 10 Leben oder gar 100 Leben zu erwarten, kann man höchstens als einen Erleuchtungswitz ansehen, den es als Hüter der Schwelle zu überwinden gilt.

Vom höheren Bewußtsein her gibt es keine Zeit, und darum ist der Zeitpunkt des Erwachens Hier & Jetzt oder nie. Erleuchtet zu werden, kann man beschließen. Wenn man bereit ist, die Preise dafür zu zahlen, dann wird sie auch kommen. (Aber für dieses geknackte Koan bekomme ich bitte als Dankeschön ein Zimmer voller Blumensträuße. Es hätte dich nämlich sonst noch 100 oder mehr Leben Leiden gekostet.)

4. WER ERLEUCHTET IST, LEIDET NICHT MEHR. – DAS IST FALSCH.
Nach der Löschung unseres privaten Karma-Dramas, also nach der ersten Erleuchtung des Geistes jenseits der Dualität, hören ca. 60% des Leidens auf, das ist richtig. Jedoch müssen wir jetzt lernen, sehr positiv und liebevoll mit unserem Geist umzugehen.

Nach der letzten Erleuchtung des Geistes hört das Leiden auf – total, und Glückseligkeit ist der normale Bewußtseinszustand. Aber solange noch irgend jemand hier auf der Erde leidet, leidet jeder subtil mit. Denn nach der höchsten Erleuchtung bist du alles, was ist. Und wird ein Hund getreten, so wirst du getreten. Du hast die Wahrheit des Einsseins mit allem, was ist, erfahren. Alles ist ein Geist, und du hast gesehen, daß der größte Wahn dieser Welt der Ich-Wahn ist. Würde die Welt das begreifen, würden wir aufhören, Not künstlich zu kreieren, würden wir aufhören mit der Ausbeutung anderer Länder durch unsere Egozentrik, würden wir das begreifen, daß da nur ein Geist ist – der Göttliche – so könnten wir nicht mehr im Krieg gegeneinander losziehen. Dieser Ich-Wahn ist die Wurzel unendlicher Zerstörung und der größten Weltverblendung.

Wenn du das einmal erfahren hast, daß da nur ein Geist ist – der Göttliche – dann verstehst du, wieso alles mit allem in einer Lichtsprache in Verbindung ist und wo das Auge Gottes zu finden ist.

Jedes Auge ist das Auge Gottes.
Und wenn du hier etwas Gutes, Selbstloses getan hast, sah es Gott allein durch deine Augen und durch die Augen des Empfängers. ES, die All-Eine Intelligenz, weiß sofort, was jetzt als Guthaben auf deinem Karmakonto steht. Lügst du, betrügst du, so ist es

auch im Allwissen verankert und kommt auf dich zurück, nur zu einer anderen Zeit. Denn es steht in unseren Augen.

Das ist kein Glaube, was hier steht. Das ist gesehen, wie ES ist.

Die höchste Verwirklichung, die ein Mensch erfahren kann, ist die, daß er Gott in sich erfährt. Und das ist etwas sehr Beglückendes, aber auch Einfaches.

Mystiker sagen dazu:

*Ich zog aus, mich selbst zu erfahren
und ich fand Gott.*

Und wenn du da bist, dann wirst du erfahren, wie einfach und simpel Gott ist.
*Und wie er in Liebe
den Menschen dient,
und daß hier die ganze Welt den falschen Werten
nach Ruhm, Ehre und Macht hinterherläuft.*

*Da geht es nicht lang,
das ist der Weg höchstens zu Luzifer.*

*Der Weg ins Göttliche
ist der Weg der Einfachheit,
der Weg der Mitte,
der Weg zur Lebensbejahung.*

Die zehn Erleuchtungsstufen des Geistes

Der Erleuchtete Geist
Der Heilige Geist
Unser Geist

Unsere Reinheit des Bewußtseins, unsere Liebe, unsere Glückseligkeit, unser Allwissen, all das ist Göttlichkeit, die unter allem liegt, was wir an Sorgendenken und Problemen mit uns herumtragen. Unsere Göttlichkeit liegt unter allem, was wir denken. Der Licht gewordene Geist, der erleuchtete Geist, ist verschüttet. Erlösen wir uns aus unserem Schatten, dann offenbart »ES« sich uns, »ES«, der All-Eine Geist, der göttliche Geist, aus dem wir alle sind, aus dem Gott ist.

ES, das Licht, hat sich im Menschen materialisiert und ist im Körper des Menschen auf die Erde gekommen. Wollen wir zurück nach Hause, so müssen wir unser duales Denken, unser Denken in Gut und Böse, ebenso wieder auflösen wie unser negatives Denken über uns selbst. Bereinigen wir das, dann offenbart sich uns die Reinheit des eigenen »Heiligen Geistes«.

Es gibt nicht die Erleuchtung des Geistes, vielmehr gibt es eine Stufenleiter von zehn Erleuchtungen des Geistes. Jede dieser Erleuchtungen hat eine dreitägige Hochphase und eine ca. dreiwöchige Auslaufphase. Alles andere unter dem sind Aha-Erlebnisse oder kurzes Schnuppern an der Köstlichkeit, Liebe und Glückseligkeit der höheren Welten.

Zu jeder der Stufen gehört das Überwinden der dazugehörigen Schattenwelt. Nur der kann hoch ins Licht, der auch tief unten war. Mystiker berichten von der dunklen Nacht der Seele. Diese dunkle Phase kann oft jahrelang dauern. Dabei müssen Prüfungen der Wahrheit, des Mitgefühls, der Demut oder der Überwindung von Wut, Rache oder Haß bestanden werden, auch wenn einem Schlimmstes angetan wird. Niemand erfährt diese hohen Welten, der nicht die dazugehörigen Schattenwelten des eigenen Universums überwand.

Die unteren vier Stufen der Erleuchtung des Geistes nennt man auch Samadhis oder Satoris.

Sie haben alle einen gemeinsamen Nenner. Weißgleißendes Licht strahlt aus uns, fast so weißgleißend wie die Sonne, und alles um uns herum taucht in dieses Licht der göttlichen Glückseligkeit und Alliebe. Denken verschwindet völlig (ca. drei Tage), und wir wollen nicht sprechen. Gleichzeitig werden wir durch eine höhere Intelligenz geführt. Es bedarf weder der Worte noch des Denkens. Bei den Samadhis ist die Lichtausschüttung, die aus unserem Herzen kommt, kurz, ca. 15 Minuten bis zwei Stunden. Jedoch ist das Licht so hoch, daß es ausreicht, daß wir drei Tage in der Hochphase des Erlebens - heilig - sind und mit uns der ganze Raum, in dem wir uns befinden.

Das Licht, das sich ausschüttet, ist das gespeicherte Licht der Liebe, das wir bereit waren, anderen bedingungslos zu geben. Am Tag X, wenn unser Ätherleib voll ist mit diesem Licht der Liebe, schüttet es sich uns als Dankeschön im Samadhi für uns aus. Damit beweist sich die göttliche Wahrheit:

Alles, was wir bereit waren, anderen in Liebe zu geben, fällt auf uns selbst als Gnade wieder zurück.

Diese Lichterlebnisse verwandeln während der Hochphase unser Bewußtsein. Das Endlosband des Karmas wird während der Zeit mit Liebe gelöscht. Sind wir in diesem Bewußtseinszustand, dann werden wir während der Zeit auf wundervolle Weise von der göttlichen Weisheit geführt, gelenkt und getragen.

Die unteren vier Lichtausschüttungen, Samadhilichter, sind heilige Lichtwerdungen des Geistes, denn sie finden noch im Erleben der Dualität statt. In der Dualität gibt es heilig und unheilig.

Die sechs höheren Lichtausschüttungen des Herzens, auch die großen Erleuchtungen des Geistes genannt, sind völlig anders als die heiligen Lichtausschüttungen. Bei den sechs großen Erleuchtungen geht es um einen Quantensprung in eine nächst höhere Dimension des Erfassens von Wahrheit und Gesetzmäßigkeiten.

Zwei der sechs höheren Erleuchtungen des Geistes sind lachende Erleuchtungen, während die anderen vier eine völlig andere Qualität aufweisen.

Lachende Lichtbewußtwerdungen des Geistes finden statt:
- Beim Auflösen der unteren Ordnung (Dualität – Wahrheit & Lüge) zur Erfahrung einer höheren Ordnung des Kosmischen Bewußtseins (Wahrheit & Paradoxie).
- Beim Auflösen der unteren Ordnung des Kosmischen Bewußtseins zur Erfahrung der höheren Ordnung des Göttlichen Bewußtseins (Auflösung von Raum, Zeit und Form).

Es gibt vier heilige Erleuchtungen des Geistes,
drei kosmische Erleuchtungen des Geistes,
zwei göttliche Erleuchtungen des Geistes
und die Nirvana-Erleuchtung (das absolute NICHTS).

1. DIE VIER HEILIGEN ERLEUCHTUNGEN ODER SAMADHIS

2. DIE DREI KOSMISCHEN ERLEUCHTUNGEN DES GEISTES:
- Das Große Kosmische Lachen – Auflösung der Dualität – Erlangung des Kosmischen Bewußtseins
- Die Vollkommenheitserleuchtung
- Die Avatar- oder Wundererleuchtung
  Der vorbereitete Kanal wird unter großen dreitägigen Wundern zum Kanal für die göttlichen Kräfte und die göttlichen Gesetze als Avatar mit der Lichtkrone gekrönt. Mahaavatare kommen selbst, um diese Krönung vorzunehmen. Wunder über Wunder geschehen während der Hochphase der Erleuchtung und auch noch viele Wochen danach.

3. DIE ZWEI GÖTTLICHEN ERLEUCHTUNGEN DES GEISTES:
- Das Lachende Erwachen über Raum, Zeit und Form – Die göttliche Geburt
- Das Lachen der Buddhas oder Das Lachen der Götter.
  Die Gottoffenbarung oder Gotterleuchtung

4. Das Nirvana-Erlebnis
Der leere Spiegel – das absolute Gar-Nichts

Erst jetzt, wenn all diese Stufen erreicht sind, dürfen wir uns einen Erleuchteten des Lebens nennen. Wer meint, dadurch größer oder besser als andere geworden zu sein, der irrt gewaltig. Der gilt auch nach den höchsten Erfahrungen als wieder gestürzt zu Luzifer, dem Größenwahnsinnigen.

Die Gnade

Wir leben in einer Zeit der Gnade

Die Gnade, die uns in dieser Zeit entgegenkommt, ist, daß wir in unserem Bewußtsein erwachen dürfen, um ein Bewußtsein über das Bewußtsein zu bekommen. Dadurch erwachen wir über uns selbst und erlangen so die Freiheit, nach der wir alle suchen. Dieses Erwachen läßt uns Gesetze erkennen, und wir müssen nicht mehr glauben, was man uns vorgibt zu glauben, sondern können unsere Unia Mystica, die Wiedereinswerdung mit uns selbst im Licht erleben.

Die weitere große Gnade ist, daß zur Zeit sehr viele große Seelen als Pioniere inkarniert sind, die dieses Zeitalter der Transformation von Bewußtsein brachten. Durch ihren selbstlosen Einsatz, der Erde eine Entwicklung zu bringen, geben sie uns die Hilfestellung, daß wir es mit unserem Erwachen leichter haben. Durch ihre Vorarbeit wird unser Weg viel schmerzärmer als früher.

Die nächstgroße Gnade zur Zeit ist, daß wir in ein Zeitalter der Erleuchteten auf Erden hineinwachsen. Dadurch wird es uns möglich, im Kollektiv mitzuerwachen oder gar selbst die Erleuchtung des Geistes zu erreichen, was zu einer anderen Zeit hier auf Erden nicht möglich gewesen wäre.

Die Erde braucht zur Transformation des Bewußtseins 144.000 + 1 Erleuchteten auf der Erde, dann macht die Erde einen Quantensprung im Bewußtsein, damit das leichte Lichtzeitalter auf Erden beginnen kann: das tausendjährige Friedenszeitalter, von dem sogar die Bibel schreibt.

Wissenschaftler haben bewiesen, wenn ein Lernmodell 144.000-mal im Äther ist, dann steht es dem Kollektiv als Information zur Verfügung.

Ein Erleuchteter im Erleuchtungszustand löscht mehr Erdenkarma als viele, viele Gruppen der Transformation es schaffen könnten, da ein Erleuchteter im Erleuchtungszustand aus dem nächst höheren Bewußtsein spricht.

»ES« ODER GOTT SPRICHT DURCH IHN
DIE ERDE FREI
Und das ist Gottes Wort – nicht unser Denken.

Die großen spirituellen Inkarnationen, die Wegvorbereiter, die zur Zeit auf der Erde sind, um der Erde die Bewußtseinstransformation zu bringen, haben soviel gutes Karma mitgebracht, daß sie es als Gnade auf die Menschheit ausschütten können. Dieses ist nicht zu verstehen. Die große Gnade, das Mitgefühl und die selbstlose Liebe dieser hohen Seelen aus göttlichen Welten ist grenzenlos im Dienst an die Menschheit.

Dieses Karma reicht aus, 144.001 Menschen ins Licht abzuholen. Ins Licht der ersten Erleuchtung des Geistes, damit die Erde den Quantensprung machen kann. Viele Menschen, die in diesem Leben an sich arbeiten und wirklich ethisch geworden sind und die Gesetze der Mitte befolgen sowie im Geist ihr Karma durch Bewußtseinstransformation gereinigt haben, dürfen ins Licht gehen, obwohl sie selbst vom Gesetz des Karmas her noch nicht so weit sind.

ES IST GNADENZEIT

Und manch einer fällt in dieser Zeit mit unter das Gesetz der göttlichen Gnade, der es von sich aus noch längst nicht schaffen würde.

Einige der Vorläufer, die Pioniere, die Wegbereiter des New Age haben ihre Erleuchtung bereits als kosmisches Dankeschön, als Bezahlung vom Gesetz des Karmas her erhalten.

Vielleicht war es so:
Gott sagte: »*Geht auf die Erde, bringt den Menschen ein neues Bewußtsein, bringt ihnen auch das Licht, wenn sie sich gereinigt haben. Wer geht mit?*« Es meldeten sich Tausende und Abertausende. Und Gott fragte jeden Einzelnen: »*Was willst du dafür haben?*« Die einen sagten: Ruhm und Ehre, die anderen sagten: Geld und Macht, wieder andere sagten: Ich will auch endlich wichtig und groß sein, und manche sagten: »*Nichts*«. Ich tue es, weil es der Wille Gottes ist.
Sie bekamen auch das NICHTS.
Die Erleuchtung des Geistes

Es sind 144.000 Menschen gerufen, sich frei und leer zu machen als Gefäß für das Licht. Einige haben es im Karma aufgrund ihres Verdienstes aus vielen, vielen Leben.

Andere dürfen miterwachen, auch wenn ihr Karma noch nicht so weit ist. Ihre jetzige Mitarbeit am Werk der Erlösung vieler Menschen und ihr selbstloser Einsatz in diesem Leben läßt sie in die Gnade erwachen.

Es liegt an dir, ob du mit dabei sein willst. Die Wege sind da. Die Schwerarbeit war, die Wege zu entwickeln. Die Schwerarbeit ist getan. Jetzt geht der Weg für viele sogar leicht. Denn es kann nur der das Licht erreichen, der leicht geworden ist.

Die vier großen Gnaden

Der Buddha sagte,
es gibt vier grosse Gnaden im Universum.

Die erste Gnade ist die Inkarnation als Mensch.
Das sei sehr, sehr schwer, sagte er. Das meiste Bewußtsein habe überhaupt keine Verkörperung und schwebe im endlosen Meer der Universen umher, ohne jemals die Chance der Verkörperung zu bekommen.

Die zweite grosse Gnade ist, wenn man mit dem Dharma, also der Lehre um die Befreiung und der Bewußtwerdung der eigenen Seele in Verbindung kommt und gerade aufgeschlossen ist, ihr zu folgen.

Die dritte grosse Gnade ist, einen vollerwachten erleuchteten Meister zu finden, der in der Lage ist, auch seine Schüler zur Erleuchtung zu führen. Er weiß den direkten Weg zum Nadelöhr der endgültigen Erlösung aus unserem sonst nie endenden Daseinsdrama der Wiedergeburt auf einem Halbhöllenplaneten und kann dir helfen, diesem Leiden für immer ein Ende zu setzen.

Die vierte und grösste Gnade ist:

Selbst erleuchtet zu werden.

Um aus dem ewigen Rad der Wiedergeburt auf Erden erlöst zu werden.

Dabei brauchen wir nur die Stufe des Großen Kosmischen Lachens zu erreichen. Diese Stufe erlöst von Karma und Wiedergeburt. Die höheren Erleuchtungsstufen können wir uns in den höheren Welten erarbeiten.

Die Erleuchtungsregeln
von Lach & ChAos

1. Jeder, der verrückt genug ist und zu uns kommt, sollte fest davon ausgehen, daß er die schwersten Einweihungsprüfungen bereits bestanden hat.
2. Menschen wie du finden das auch noch gut, was wir machen. Es ist crazy genug, daß wir Lach & ChAos sind und Seminare
3. zur Erleuchtung des Geistes geben. Benimm du dich wenigstens anständig. Auf einen müssen wir uns hier verlassen können. Jeder muß bei uns jede Arbeit verrichten. Nur Erleuchtete sind davon ausgeschlossen. Streng dich also an, sonst mußt du alle
4. Arbeit alleine machen. Solltest du fest in Erwägung ziehen, erleuchtet zu werden, so verlängere Deinen Personalausweis, kündige deine Arbeit,
5. schreib dein Testament, denn nachher wirst du dazu vor Lachen nicht mehr in der Lage sein.
6. Sollten wir dich immer noch nicht davon abgebracht haben, erleuchtet werden zu wollen, dann Glatze schneiden.
7. So, du hartnäckiger, glatzköpfiger Fall. du willst also immer noch erleuchtet werden?

Dann diene uns erst mal 15 Jahre. Rezitiere täglich 8000 Mantren. Ernähre dich vegetarisch. Beende deine sexuellen Begierden und meditiere auf dieses Koan.

Solltest du in 15 Jahren das Koan noch immer nicht geknackt und die Erleuchtung verpaßt haben, dann sagen wir dir, daß wir es nicht so ernst gemeint haben.

Sollte dich das immer noch nicht vom Weg abgebracht haben, so kann dir auch hier niemand mehr helfen und du wirst

100%ig er- oder beleuchtet.

Und triffst du den Meister im Kosmischen Bewußtsein ...

Ein vollerwachter Kosmischer Meister ist jemand, der über sich selbst und über das duale Denken zum Kosmischen Bewußtsein erwachte. Darüber hinaus erlangte er seine göttliche Geburt oder seine Buddhaschaft über sich selbst, außerdem sogar die höchste Erleuchtungsstufe, das Nirvana-Bewußtsein. So ein Meister ist ein leerer Spiegel. Er erhielt die Einschau ins Weltenkarma und kann so aus höchster Ebene der einfachen oder doppelten Paradoxie ins Karma des Schülers eingreifen, um ihn von seinem dualen Denkzwangsmuster zu befreien.

Aus diesem befreiten Bewußtsein und der erleuchteten Einschau heraus ist er den Schülern ein hoher und reiner Spiegel der Gesetzmäßigkeiten. Sein Erwachtsein ist für den Schüler Gnade, denn in seinem Spiegel erfahren sie um ein Vielfaches schneller ihre eigene Mitte und ihren eigenen Spiegel der Klarheit.

Er schult die kosmischen und göttlichen Gesetze zur Befreiung des Ego. Das Ego erwacht zum Hohen Selbst, später zum Kosmischen oder gar Göttlichen Bewußtsein, durch den erwachten Spiegel viel leichter und schmerzärmer. Der Spiegel des erwachten Meisters ist deshalb Gnade, weil der Meister das Karma der Schüler sehen kann und auch Lösungswege dazu weiß.

Der Schüler braucht nur noch der gelegten Pipeline ins Licht zu folgen. Er braucht nicht mehr so viele Irrwege zu gehen, wie wenn er den Weg allein geht. Das Ziel ist klar, da der Meister des Kosmischen und des Bewußtseins aus dem Ziel heraus die Führung übernimmt.

Das heißt, die Bewußtseinsstufe des nächst höheren Bewußtseins kann trainiert werden, und das Ziel rückt in greifbare Nähe. Wir bekommen, weit bevor wir am Ziel sind, schon den Geruch der Köstlichkeit des Kosmischen Bewußtseins, mal für eine halbe Stunde, mal für drei bis sechs Stunden. Dieser Geruch von Jubel, Genialität, köstlicher Inspiration und Witz läßt uns ahnen, wie wir bisher verkehrt gewickelt waren im Leidens-Wirrwarr von uns selbst.

Das Leben, das uns bisher lebens- und leidenswert war, kann dann bestenfalls nur noch als ein Kosmischer Witz von uns selbst gesehen werden. Wer einmal dabei war und die Genialität des Kosmischen Bewußtseins gerochen hat, der weiß, daß es im dualen Denken

keinen Ausweg

zur endgültigen Erlösung aus unseren Daseinstraumata gibt. Das ist und bleibt ein nie endendes Rad der ewigen Wiedergeburt, des ewigen Aufbaus und der ewigen Selbstsabotage mit Schuld, Angst, Rache und Wut.

Diese höheren Bewußtseinsstufen des Denkens und Erfassens zu trainieren, ist die Aufgabe eines vollerwachten Kosmischen Meisters, so daß die Meisterschüler so schnell wie möglich folgen können und damit am Erdenkarma mit abtragen.

Heiligkeit muß eben gekonnt sein!

Schüler der Meisterklasse

Sie wollen das Große Kosmische Lachen
und damit die Meisterschaft über sich selbst erlangen.

Sie wollen das lachende Licht jenseits der Dualität,
also diesseits im Hier & Jetzt,
erfahren.

Sie gehören immer zum engsten Kreis
der Lach & ChAos Company
und damit zur spirituellen Lichtfamilie.
Sie kommen und gehen, wie in jeder guten Lichtfamilie,
und stehen in einem jahrelangen
Trainingsprogramm der Selbstwerdung
unter Anleitung einer vollerwachten
Kosmischen Meisterin.

Schüler der Meisterklasse nehmen zusätzlich
an einer dreijährigen Ausbildung teil
oder sind bereits ausgebildet.

Und die haben einen Humor in den Socken,
da bleibt nichts, wie es war.

Wenn die anfangen mit ihrer Kunst,
sich selbst auf die Schippe zu nehmen,
dann halte dich fest,
falls du vor Lachen noch was findest.

Die Hochzeit mit dem Nichts

Chef, the bill please!

Und wie gelangt man nun in seine hohe Dimension?

*Jenseits von Gut und Böse.
Jenseits von Glauben.
Jenseits von Vorstellung.
Jenseits von emotionaler Anhaftung
und jenseits von Ernsthaftigkeit.*

*Später, viel später sogar,
jenseits von Raum,
jenseits von Zeit
und jenseits von Form.*

*Um endlich im Diesseits anzukommen
im großen Hier & Jetzt.*

*Denn dort ist sie zu Hause,
die kosmische und göttliche Glückseligkeit,
die wir alle im Kern sind
und die wir alle suchen ... ?*

*Am besten ist,
du beschließt als erstes:*

Deine Hochzeit mit dem NICHTS.

Jetzt weißt du aber, daß du erst noch dein Karmakonto leerputzen mußt, bevor der Chef dich zur Hochzeitsprüfung zuläßt. Und da es eigentlich schon genug ist, was du in diesem Leben an Blödsinn verzapft hast, ist es natürlich eine sehr mutige Angelegenheit, nach dem Karma-Ausgleichskonto aller Leben zu rufen. Denn wer weiß, was du da so verhauen und verspielt hast.

Am besten ist, du sagst dir mutig: »*Diese Kleinigkeit, die haben wir gleich!*« Und rufst dann laut: »*Chef, the bill please! Aber diesmal bitte mit Erleuchtungsdatum!*«

Die schickt er dir dann auch prompt ins Haus.

The Holy Cosmic Fool
Seine Erhabenheit, der Hüter des privaten Karmas
7. Himmel – Chefetage

göttlich abgeordneter Sachbearbeiter:
immer die gleiche Einheit

Datum: weiß der Himmel

Kosmische Rechnung Nr.: 0815
Betrifft: Hochzeitsgenehmigung für Jolly Joker
Uns, der höheren Chefetage ist zu Ohren gekommen, daß nach dem Karma-Ausgleichskonto aller Leben gerufen wurde.
Na endlich – Halleluja.
Hier das noch offenstehende Karmakonto:

1690: 3 Elefanten auf Elefantenjagd totgeschossen, einen länger leiden lassen	Wird ersetzt durch 3 Schlägereien in Kneipen, 1-mal mit Zahnverlust
1645 - 1895: 2-mal eine Frau, 1-mal einen Mann und insgesamt 8 Kinder sitzen gelassen	Ist schon abgegolten durch Verlust bei hohen Wetten (das Geld hat der Chef selbst in die Tasche gesteckt.)
43-mal beim Onanieren erwischt	Wird göttlich vergeben
108 Fischen den Haken ins Maul gehauen	Wird ersetzt durch Kieferoperation nach Schlägerei, muß aber der Witz dazu noch gefunden werden
1-mal in der Kirche das Weihwasser ausgesoffen	7 Jahre Glück wegen Originalität
Macht zusammen das Erleuchtungsdatum:	3. August 2000 – 18.23 Uhr

Die Hochzeit mit dem NICHTS

Um deine Hochzeit mit dem glückseligen, lachenden NICHTS einzuläuten, mußt du erst ein NICHTS (ein Licht) werden, bevor das Große NICHTS in dich einziehen kann.

AM BESTEN IST, DU MACHST DAS SO:
- Du ziehst sämtliche Register von Stop gleichzeitig. Es darf nichts mehr in dir funktionieren.
- Das mußt du so gründlich machen, bis du nichts mehr findest, an dem du dich noch festhalten kannst.
- Hier ein paar gut funktionierende Übungen, wie man die Hochzeit mit dem NICHTS einleiten kann:

HOCHZEITSVORBEREITUNG NR. 1

- Du nimmst dir eine Kerze, ganz für dich alleine. Setze dich in einer ruhigen Minute davor – du brauchst ca. 5 Stunden dazu.
- Dann sagst du dir: »*Schluß! Absolute Grenze! Schluß! Aus! Basta! Finito! Ich weiß auch nicht, warum und mit wem, aber es ist Schluß, radikal Schluß.*«
- Nein, du nimmst dir nicht das Leben, diese Erpressung an das Leben, die ist ja fad und billig, da kommst du ja wieder.
- Du machst einfach Schluß, und damit Schluß, aus, Basta, Finito, Grenze.
- Jetzt sagst du dir: »*Ich werde doch imstande sein, irgend eine Sache in meinem Leben gründlich zu machen, und das mach ich jetzt. Ich mach jetzt gründlich Schluß.*« Das sagst du dir 5 Stunden lang in allen Ton- und Gefühlslagen, bis sogar du dir deine Worte glaubst.
- Nachdem du solange geübt hast, bis du überzeugend bist, rufst du alle Freunde an und sagst ihnen dein neues, heiliges Mantra: *Schluß – Schluß, Aus. Basta, Finito.* Am Besten, du beginnst bei A. A wie Anna, deine Geliebte.
- Wenn du alle durchtelefoniert hast, dann rufst du noch den

Chef an und bestellst bei ihm deine Hochzeit mit dem Nichts.
- Du legst jetzt den Hörer auf. Dabei fällt dir auf, du hast bei allen Telefonaten vergessen, deinen Namen zu sagen. Du rufst sie alle noch einmal an, sagst: »*Ich war das und Schluß aus basta – endgültig.*«
- Dann setzt du dich hin und wartest, was jetzt geschieht.
- Es wird sehr lange dauern, bis was geschieht. Du hast ja mit allen Schluß gemacht.
- Übe dich nun wie die Zen-Mönche in Geduld und stiller Beobachtung aller Gedanken.
- Laß sie vorüberziehen. Es ist nur Maya. Was immer dir jetzt vor deinen inneren Augen erscheint, nichts Ernstes.
- Bleib auf dem Pfad des Lachens!
- Da es jetzt sehr unangenehm ist, wo du gerade drin sitzt, würden wir dir jetzt empfehlen, den Ort zu wechseln.
- Kauf dir ein Ticket nach Bali. Dort wartest du auf deine Erleuchtung.
- Sollte der Chef dich nach drei Jahren noch nicht gefunden haben, dann hast du mit Sicherheit ein neues Leben angefangen, und Erleuchtung ist auch nichts anderes.

HOCHZEITSVORBEREITUNG NR. 2

Mitten im Leben
- Es gibt viele Möglichkeiten, sich die Hochzeit mit dem NICHTS zu kreieren. Man muß es nur gründlich genug anfangen.
- Du brauchst dazu nicht in ein Kloster gehen und dem Leben zu entsagen. Die neue Herausforderung ist es, sich dieses mitten im Leben zu geben.
- Am Besten ist, du besorgst dir eine wirklich tolle, geliebte Geliebte. Die machst du vor lauter göttlicher Allliebe zum einzigen Teilhaber deiner Firma.
- Dann schreibst du deiner Frau einen anonymen Brief von deiner zukünftigen 2. Hochzeit.
- Bisher hat das noch jeder mißverstanden.

- Jetzt erleichtert sich dein Leben um einiges. Du brauchst gar nicht erst nach Hause zu kommen. Das Türschloß ist sowieso ausgewechselt, und du hast mehr Zeit für Gebete.
- Ehe futsch, Kinder im Eimer und den Bungalow kannst du dir jetzt auch in die Haare schmieren.
- Falls dir jetzt, in dieser Situation, kein passender Witz einfällt, dann schreib noch einmal einen anonymen Brief von deiner bevorstehenden 2. Hochzeit.
- Machs dir einfach, nimm eine Kopie von deinem ersten Brief. Aber bitte, jetzt schreibst du die Adresse deiner Freundin drauf.
- Deine Frau weiß schon davon.
- Gut gemacht. Bravo!
- Die Firma ist jetzt auch im Konkurs. Du hast wirklich Glück, wie flott das geht.
- Nimm das jetzt nicht ernst, was passiert. Das könnte jedem so gehen wie dir. Wenn er das so macht.
- **Bleib am Pfad des Lachens!**
- Jetzt läuft schon fast wie von alleine die Unterhaltspfändung.
- Mach dir nichts draus. Du kannst ja in der Zwischenzeit zur Heilsarmee essen gehen. Und die lumpigen 3 bis 4 Taschenpfändungen, die überstehst du flott. Am besten bei deinen sonst sehr spendablen Freunden. Du weißt ja, du mußt nur gründlich genug alle Register gleichzeitig ziehen.
- Es darf nichts mehr in dir funktionieren.
- Und dann such einen Erleuchteten, der dich ins Große Kosmische Lachen über dich selbst bringt.
- Solltest du keinen erleuchteten Meister auf der Straße treffen, dann hast du das Spiel des Lebens noch nicht ganz begriffen.
- Geh doch ins Kloster und studier' noch einmal von Anfang an:

Wie war das nochmal mit der Erleuchtung und dem Kosmischen NICHTS?

HOCHZEITSVORBEREITUNG NR. 3

FEIER IM NICHTS
- Du, der du alle zwei Übungen durchgemacht hast, und keine geklappt hat: weil du immer haarscharf daneben liegst, für dich haben wir noch eine Übung entworfen.
- Am besten, du beschließt jetzt: Geben wirs auf mit dem Leben – Hat sowieso immer nichts gebracht – kommt nichts dabei heraus – dann brauch ich auch NICHTS!
- Jetzt bist du schon sehr nahe an einer nächst höheren Wahrheit der Heiligwerdung – halte durch!
- Du baust jetzt für das NICHTS einen Altar. Dann bestellst du zwei Pizzas. Eine für dich, eine für den Altar.
- Jetzt feierst du, was die Wohnung hergibt. Dein Leben im NICHTS. (Wenn dir jetzt nichts kommt, dann ist das eine Ausrede!)
- FEIER WEITER und beginne dich selbst zu verehren als den größten Witzbold dieser Welt.
- Wenn du dich jetzt drei Tage und Nächte im Lachkrampf über dich selbst windest, hast du ES geschafft.
- Dann bist du bereits da, wo man nach Erleuchtung stinkt.

WASCH DICH!
DU KLEINES, HEILIGES, GLÜCKSELIGES FERKEL, DU!

HOCHZEITSVORBEREITUNG NR. 4

ONLINE TEMPEL DER NEUEN ZEIT
- Wenn du nach all unseren Belehrungen immer noch nicht die Erleuchtung erlangt hast, zweifle nicht an dir, auch nicht an diesem Buch.
- Es muß etwas zwischen uns stehen.
- Damit das weggeht, baust du dir jetzt einen »online Tempel« der neuen Zeit zu Ehren des Heiligen Kosmischen Narren in dir.
- Dann hängst du das witzigste Foto von dir auf. Und machst jeden Morgen und Abend 108 NIEDERWERFUNGEN (du weißt

schon, wegen der heiligen Zahl) vor deinem Foto.
- Dabei kannst du ruhig einen Spiegel dazu hängen, als Gesichtstest.
- Du kannst jetzt vergleichen. Erst Foto, dann Spiegel. Oder erst Spiegel, dann Foto. Das ist egal. Es kommt sowieso NICHTS dabei heraus.

DARUM GING ES JA.

HOCHZEITSVORBEREITUNG NR. 5

DIE UNTERWASSER-ERLEUCHTUNG – AMERICAN-STYLE
- Du bist schon immer etwas Besonderes gewesen. Und für deine Hochzeit mit dem NICHTS, suchst du nach außergewöhnlichen Wegen.
- Der Buddha wurde in einer Höhle im Himalaja erleuchtet. Das ist nichts für dich. Das machen ja alle Erleuchtungs-Insider so.
- Du greifst zu dem exzentrischen Gegenteil.
- In deinem Fall geht es nicht einfach nur um Erleuchtung, es geht bei dir um die gehobene Form von Erleuchtung, eine deinem Niveau gemäße

»PRIVATE ICH-ERLEUCHTUNG«.

Und die soll für dich auch völlig außergewöhnlich stattfinden.
Du suchst dir eine Unterwasserhöhle. Aber nimm wirklich Sauerstofflaschen mit und kein Lachgas, das gilt nicht.

Jetzt beklagst du dich bei den Fischen über dein Karma.
Wie immer hast du so ausschweifend über dein schnödes Schicksal erzählt, daß dich das den letzten Atem kostet,
und die Flasche ist schneller leer als dein Bewußtsein.
Jetzt, da du wirklich nichts mehr zu verlieren hast,
jetzt muß sie kommen,

die Erleuchtung des Jahrhunderts.
Falls nicht ...
hättest du doch lieber auf deine Besonderheit während der Erleuchtung verzichten und eine Höhle im Himalaja nehmen sollen.

Mach dir nichts draus,
das kannst du ja im nächsten Leben probieren.
Aber nimm dann eine Wasserflasche mit.

Über die Autorin

Avatara Devi ist eine revolutionäre Avatarin des neuen Lichtzeitalters. Sie bringt völlig neue Wege ins Licht, den Weg des göttlichen Chaos und des Kosmischen Humors. Außerdem offenbart sie uns neue Aspekte des Göttlichen: den heiligen Kosmischen Narren, den göttlichen Weltennarren, und das weibliche Antlitz Gottes, die »Divine Mother«, die Große Göttin des Lichtes, die Weltenmutter.

Avatara Devi liebt es, damit die Befreiung ihrer Schüler in Licht- und Lachgeschwindigkeit geschehen kann, alle Klaviertöne ihrer Fähigkeiten spielen zu lassen: von der liebevollen Provokation zur Pluto- Spiegel-Reflexion, von der bedingungslosen göttlichen Alliebe und süßer Verspieltheit zum liebenden kosmischen Humor.

Avatara Devi war auf der weltlichen Bühne des Lebens Psychosynthese-Therapeutin, NLP-Trainerin und Schöpferin der genialen Humortherapie »Lach & Chaos«.

Als Avatara des Lichtzeitalters gilt sie als Inkarnation des göttlichen Gnadenaspektes.

Sie bringt die vier höchsten göttlichen Gnaden auf die Erde:
1. Entflammung des göttlichen Herzens
2. Die große Karmavergebung
3. Die Zündung des Gottesfunken
4. Die Kosmische Erleuchtung des Geistes, die zur endgültigen Befreiung von Karma und Wiedergeburt führt.

Der leere Spiegel

Avatara Devi spiegelt die Seiten des Menschseins, des Bewußtseins der Kosmischen Meister und viele Facetten der göttlichen Mutter, und doch, wenn wir noch tiefer in sie hineinschauen, dann sehen wir, daß da niemand ist, nur das ganz große »Gar Nichts«, der leere Spiegel. So zeigt sie uns durch Spiegelungen den Schattenbereich unseres eigenen Selbst und hilft uns durch Erhöhung unserer Lichtenergie zur Transformation bis ins höchste Licht.

Avatara Devi ist eine Mischung zwischen »*Heiliger Mutter*«, »*verspielter Kindgöttin*«, und »*spiritueller Therapeutin*«. Als Kosmischer Clown wird sie von ihren Kindern des Lichts in- und auswendig geliebt.

Schon als Kind hatte sie höchste Verbindungen mit der Weltenmutter. Im Alter von viereinhalb Jahren hatte sie ihr erstes Samadhi, mit vierzig Jahren erlangte sie die höchste Erleuchtungsstufe.

1985 und 1987 führte sie zwei mal eine ganze Gruppe von insgesamt 36 Kinder des Lichts zur Kosmischen Erleuchtung des Geistes.

Fragt man sie, was ihre Aufgabe ist, so sagt sie: »*Das Lichtzeitalter ist auf Erden, das Zeitalter der Erleuchteten. Ich bin gekommen, euch die Erleuchtungsprüfung abzunehmen, und euch die Narrenkappe des heiligen Geistes zu reichen, damit ihr über das Narrenspiel der Dualität und eures Inkarnationskreislaufes lachend erwacht. Ich bin gekommen, euch in das Licht der Kosmischen Glückseligkeit zurück nach Hause zu rufen, das Licht, das jenseits von Gut und Böse liegt. So ist ES*«.

Die Kinder des göttlichen Chaos, wie Avatara Devi ihre Lichtschüler nennt, sehen in Avatara Devi eine Teilverkörperung und Inkarnation der Großen Weltenmutter und gaben ihr die Beinamen » *Kosmische Mutter*« »*Mutter*« oder »*Divine Mother*«.

Avatara Devi ist eine außergewöhnliche und auch provokante Herausforderung, den Weg über alle Grenzen der Dualität hinaus ins Kosmische Bewußtsein zu gehen. Es ist fast unmöglich, von ihr nicht berührt zu werden.

Eva Gruber

Hartmut Normann:
ANSTURM DES LICHTS

Fakten und Visionen
Zur Welt von morgen

Begeisterte Leserbriefe
Beste Rezensionen

520 Seiten, 11 Abbildungen,
DM 39,—/EUR 19,50

Unentbehrlich für alle, die an der Schwelle zu einem Neuen Zeitalter nach essentiellen Anworten und gültigen Vorbildern suchen.

AVATARA DEVI zum Autor: »Du verfügst über die begnadete Fähigkeit, Wissenschaft und Spiritualität zu vereinen und mit diesem Buch viele Seelen zu berühren und ins Licht abzuholen.«

»Ein einmaliges Geschenk für unsere Wendezeit. Ich empfehle es mit Überzeugung ...«   (Hannes Holey in Magazin 2000 plus)

»Ein großartiges Werk, welches das Zeug hat, zum Kultbuch des Neuen Millenniums zu werden.«   (Ira Vieth in stern.zeit)

Dr. H. Normann enstammt einer Künstlerfamilie und studierte Naturwissenschaften. Mit 33 Jahren veranlaßte ihn eine Serie von spirituellen Erlebnissen und Belehrungen zu einer Bewußseinswende.
Infos und Bestellungen unter Tel.
(0049)-06201-592 586 (meist 10 – 19 Uhr) beim ANTHOS Verlag, D-69469 Weinheim, Am Feldrain 13; oder bei www.anthos-verlag.de; Buchhändler bitte per Fax (06201-592587)